一场没有硝烟的战争已经打响！

谁将成为最后的王者？

谁能捍卫中国的金融疆土？

期货英雄

蓝海密剑期货实盘大赛获奖选手访谈录

主编：杨劲松　沈　良
出品：东航金融 & 期货中国网

地震出版社

图书在版编目(CIP)数据

期货英雄：蓝海密剑期货实盘大赛获奖选手访谈录 / 杨劲松，沈良主编
—北京：地震出版社，2011.9(2018.6 重印)
ISBN 978-7-5028-3908-6
Ⅰ.①期… Ⅱ.①杨… ②沈… Ⅲ.①期货交易－经验 Ⅳ.①F830.9
中国版本图书馆 CIP 数据核字(2011)第 173568 号

地震版 XM4194

期货英雄——蓝海密剑期货实盘大赛获奖选手访谈录
杨劲松 沈良 主编
责任编辑：刘素剑
责任校对：孔景宽

出版发行：地震出版社
北京民族学院南路 9 号　　邮编：100081
发行部：68423031 68467993　　传真：68421706
门市部：68467991　　传真：68467991
总编室：68462709 68423029　　传真：68455221
证券图书事业部：68426052 68470332
http://www.dzpress.com.cn
经销：全国各地新华书店
印刷：三河市鑫利来印装有限公司

版(印)次：2011 年 9 月第一版　2018 年 6 月第三次印刷
开本：787×1092 1/16
字数：142 千字
印张：11.75
书号：ISBN 978-7-5028-3908-6/F(4579)
定价：28.00 元

序

用期货测试自己的人性魅力

有一次，一个对期货一窍不通的朋友对我说：“好像期货做得好，赚了很多钱的人，人品都很好！”

以前我没有从这方面去思考问题，我以为期货的成败主要是基础知识、分析能力、操盘技术、交易心态、资金管理等方面的因素导致的。

后来觉得，因为做期货不用处理绝对复杂的人际关系，只需处理相对复杂的行情现象，所以成功者在为人处事方面就会相对单纯一些，在朋友眼中往往也是“不争”的，但这只是表面现象。

现在我才发现，原来期货可以测试一个人的人性。它可以放大对人性好坏的奖惩，正向强化好的方面，反向强化坏的方面。

人性中好的方面，比如谦卑、勇敢、自律、刻苦、努力、冷静等，都能在期货交易中结出好果，期货市场会特别地奖赏这些“好人品”；而人性中不好的方面，比如贪婪、恐惧、冲动、妒忌、骄傲、懒惰等，都能在期货交易中结出恶果，期货市场也会特别地惩罚这些“坏人品”。

在现实生活中，“好人品”也会得到奖赏，“坏人品”也会得到惩罚，只不过反应的时间太慢，反应的作用力可能也不大。而在期货市场的奖惩则是被杠杆交易和T+0交易无限放大的。

期货市场可以完成“人品筛选”。

一方面，它让人品好的人更容易留下来，人品不好的人已经淘汰、正在淘汰或终将淘汰。这样我们看到的成功者大多人品是好的。

另一方面，它能够不断地奖赏一个人本性中“好的品质”，同时不断地惩罚“坏的品质”。而一个人因为自己的好品质得到直接的金钱奖赏后，会强化自己的好品质，也因为自己的坏品质得到直接的金钱惩罚后，会弱化自己的坏品质。由此可以看到，它能使人品好的人不断地升华好品质、不断地修正小毛病，从而变得越来越好。

期货就像是浓缩的人生，有时候一辈子的波澜壮阔可能在一年、一个月甚至一天内完成；而一辈子的奖惩也可能在一年、一个月甚至一天内完成，由此做期货时间稍微长一点，就可能获得几辈子的金钱奖励或几辈子的金钱惩罚，造成的直接结果当然就是快速达成富裕，或快速走向破产。

一个人的人品好不好，在某些行业中或在现实生活中，我们需要很长时间去验证，比如需要10年、20年。而放到期货市场测试一下，则可以在很短的时间内知道结果，慢则三五年、快则一年半载我们就可以看出这个人到底是“好人”还是“坏人”。

从这个意义上来说，期货确实可以充当人性魅力的测试仪或选拔器，如果不信，你也可以到期货市场测试一下自己。

目　录

黄俊：市场是最强大的，也是最神奇的

（2011年5月11日　沈良、翁建平整理）

黄俊： 网络昵称“爱上趋势”，蓝海密剑2009~2010期货实盘大赛志愿军组第一名，上海人。

7年期货交易经验，做期货之前从事大宗商品的流通和贸易工作。进入期货行业后只有最初的3个月是亏损的，之后每一年都是盈利的。

以系统化交易为基础，以技术面来判断行情、选择品种，擅长趋势交易，也做一些日内交易。截断损失，让利润奔跑，力争让资金曲线始终保持稳步向上的趋势。在2008年8~11月期间，得力于金融危机，黄俊的账户数目从200万元增长到800万元。

座右铭：永远只做市场的仆人，不做市场的主人；永远只做市

场的学生，不做市场的老师。

访谈精彩语录：

我的确是一个趋势交易者，主要是做中长线的趋势。

我做日内应该是为隔夜服务的，我主要的利润来源于隔夜。

我的日内交易主要是服务于风险控制，而不是追求利润最大化。

核心特征是趋势跟踪，加入一个突破的观念。

进场主要是一个突破节点的介入，出场是一个比较客观量化的点位。

一般来说我的总仓位不会超过70%，基本上在30%左右。

技术指标我个人倾向于均线、K线组合、MACD，结合品种波动率来做决策，也会关注一些图表。

从交易信号来说，开多、开空、平多还是平空，我是完全客观的。但是主观的地方也有，主要在资金管理方面。

在长期利用客观系统的情况下，会有些主观经验，就像催化剂，可能会给客观的系统带来更好的收益。

你交易的时间越长，对市场的不确定性的理解会越深刻，对市场就会越敬畏。

市场是最强大的，也是最神奇的，它什么事情都可能发生。

我做期货一直是战战兢兢的，从做期货的第一天就知道这东西有很大风险。

如果赚钱了，是市场对你人性优点的奖励；如果亏钱了，是对你人性弱点的惩罚。

交易时间越长的人，对正确的交易模式会有更深刻的认识，是发自内心的认可和肯定。

只有充分地尊重市场，才有可能紧紧地跟随市场，如果自认为是能够驾驭市场、掌控市场的人，结局往往都不怎么样。

不同的操作者都有不同的理念，不同的理念决定着赚多少钱。

用基本面来做行情的人，我觉得本质上还是处于主观交易层面。

用基本面来做往往没有办法量化风险和利润，基本面预测容易使资金曲线大起大落。

周伟我比较了解一点，他是执行系统相当坚决的一个交易者，他的自律和理性是我最钦佩的，他的心态非常超脱。

郑加华，他是我所接触过的国内可以称为大作手的交易者，交易风格霸气，果敢。

丁洪波的风格偏重隔夜短线，风险回报比非常高。

凌波微步对期货的理念、操作、风险回撤都是做得非常好的。

于海飞，他应该算是中线型的趋势交易者，我个人觉得我和他的风格有点像，只不过在操作品种的数量和仓位上有区别。

周伟（打麻将）的牌品比较犀利，不喜欢做小牌，一场牌打下来，往往出现的另类大牌都是出自他的手中。

《趋势跟踪》是我的一本启蒙教材，让我相信这个世界很多杰出交易者都是因为趋势跟踪而成功的，还让我了解到趋势跟踪必须要做的一些事情。

《通往金融王国的自由之路》这本书奠定了我作为一个交易者的科学思想的基础——怎么来量化风险，怎么来量化利润，怎么达到最后的成功。

希望高层监管层尽早地放开CTA（期货投资基金）业务，能够提早让我们成为捍卫中国金融事业的一部分力量，为国家效力。

问题1：黄俊老师您好，感谢您在百忙之中接受期货中国网和东航金融的联合专访。您在参加比赛时用的网络昵称是“爱上趋势”，取这个名字是不是证明您是一个趋势交易者？您一般做哪个级别的趋势，是日内趋势、几天的波段趋势，还是周期更长的中长线趋势？

黄俊：我的确是一个趋势交易者，主要是做中长线的趋势，操作上关注的周期比较长，盈利部分主要是波段性的趋势。目前我的大部分商品是空头，前两天我减仓，今天我再次加仓。利润模式跟随整个趋势，比方说一波涨跌，不可能一波跌到底，一波涨到头，**我会根据行情的变化来调整自己的头寸，减少或降低风险，获得利润最大化**。

问题2：日内和隔夜您都有所涉及。据不完全统计，您日内和隔夜都能盈利，隔夜的利润远大于日内，比值为6:1，您有没有想过适当加大日内的利润比例？

黄俊：这个问题我想过。**我做日内应该是为隔夜服务的，我主要的利润来源于隔夜**。日内其实是为了做隔夜趋势不断确认的过程，从我个人来说希望日内利润比例会加大，但是我觉得鱼和熊掌不能兼得。如果我的风格就这样，我只能说在目前的基础上能增加是最好，但我也不会刻意追求日内利润比例加大，这与交易风格还是有关系的，日内不是我利润的主要来源。**我的日内交易主要是服务于风险控制，而不是追求利润最大化**。

问题3：您总体上是系统化交易者，您的交易系统大约用多长时间建立的？您的交易系统的核心特征是什么？如果要让您给自己的交易系统取个名字，您会把它叫做什么？

黄俊：这套系统大概用了两年半左右的时间就基本上确立了，**核心特征是趋势跟踪，加入一个突破的观念**。它的理念是捕捉趋势行情，我比较关注突破形态的介入，突破提醒我的交易。**如果要取个名字，我称之为MBT，M代表市场，B代表品种，T代表时间和节点**。

问题4：您的系统包括了“行情判断、品种选择、进场出场、仓位管理”等具体的执行体系，请您分别简单讲一讲您的系统在这四个层面是如何运作的？

黄俊：行情判断，纵向和横向比较之后得出一个结论。纵向，观察市场各个品种之间的走势，如农产品、工业品、金属等，两个类别的商品出现盘整的情况，农产品或者金属有一个带头向下的趋势，这个时候我会认为市场是偏向于震荡下跌行情的判断，像现在的行情，我认为是一个下跌的市场行情，这是一个纵向的比较。横向，外盘和内盘之间的一个关系，如果说外盘也是跌的，内盘也是跌的，这个就可以确定目前市场是处于一个下跌的趋势。

品种选择可以分两个方面。一方面，如果在下跌的行情，往往会选择最弱的品种操作，如果是上涨的行情，往往选择最强的品种操作；另一方面，我的操作系统是个客观的系统，我们有20多个品种可以交易，但我目前设定同方向最多操作6个。如果某些品种率先出信号，我会率先去做；如果有部分品种平仓之后，我会再去选择新的品种介入，这是品种选择的问题。

进场出场，进场主要是一个突破节点的介入，出场是一个比较客观量化的点位。这个也分两个层面，入场之后就会有盈利的单子，往往是最赚钱的单子，如果是两三个小时还没产生盈利，我会相应地减少头寸或者出场。另外，产生盈利后，出场用不断变化的移动止损来离场，这也是系统客观设定的标准。

仓位管理，一般来说我的总仓位不会超过70%，基本上在30%左右。单一品种的风险控制在2%左右，整体的风险控制在10%~12%。

问题5：能否透露一下您的交易系统常用的技术指标或经常分析哪些类型的图表进行决策或辅助决策？

黄俊：技术指标我个人倾向于均线、K线组合、MACD，结合品种波动率来做决策，也会关注一些图表。我觉得还要结合自己系统的特点，如果自己有系统，可以做些统计，在什么样的情况下会产生盈利，事先会有些经验，这些经验是很宝贵的。我比较倾向的图表是长期盘整之后的突破，它会成为一波大的利润来源，形成一个比较大的行情趋势。

问题6：您是100%的系统化交易者，还是会在适当的时候加入一些主观的分析？您觉得对系统化交易者来说，主观分析能否提高交易成绩？

黄俊：从交易信号来说，开多、开空、平多还是平空，我是完全客观的。但是主观的地方也有，主要在资金的管理方面。因为我是不加仓的，比方说是2%的最高风险，这个单子下去多少量？如果我觉得是一进去就能赚钱的，在某种前提下，我会增加或者减少头寸，这方面我是主观的。

至于主观分析能否提高交易成绩，我觉得因人而异。就目前，我自己能够通过主观分析提高交易成绩，其他人怎么样？需要更多的样本统计才能做出最后的判断。本身系统化交易者应用的是个客观的东西，**在长期利用客观系统的情况下，会有些主观经验，就像**

催化剂，可能会给客观的系统带来更好的收益，前提是长期应用熟悉系统的一个交易者。

问题7：在具体交易过程中，您的心态、情绪波动会不会影响您对系统的执行，会不会出现干扰系统、不执行系统或者做额外动作的事情？

黄俊：会的。特别是系统连续出现亏损的时候，目前我会出现这个问题。系统我会执行，但我会调整仓位，在风险控制上，更加注重入场点选择，我本身的入场点是个区间而不是一个单独的价格，我会更加谨慎选择入场时机。**让我感觉到市场的不确定性和风险需要时刻警惕，特别是在市场上碰到连续亏损的情况下，心态和情绪的波动对我来说还是有一定的影响**，这也是我需要克服的，将来或许会做得更好点。

问题8："截断损失，让利润奔跑，力争让资金曲线始终保持稳步向上的趋势。"这是您的交易法则，您一般每一笔交易亏损多少时会"截断"？账户总的资金曲线回撤控制在多少？

黄俊：一般来说一笔亏损在2%。**单笔交易2%我肯定会截断，总的资金曲线回撤一般控制在30%**。这也要分两部分，一个是初始本金控制在20%，如果是有盈利的情况下，一般是30%的回撤，特别情况下也有50%，甚至60%，前提是不跌破我的初始本金。

问题9：据说和前几年相比，您在操作上"胆子越来越小了"，是不是这样的？为什么做得越来越小心了？

黄俊：这个就跟开车一样，开车一两年的驾驶员开车胆子是很大的。开得越久反而越开越慢了，慢慢地喜欢绑保险带了，技术有提高，但看到的东西多了。原来有可能你看到的爆仓或者大幅的回撤比较少，**你交易的时间越长，对市场的不确定性的理解会越深**

刻，对市场就会越敬畏。另外我觉得跟操作资金规模也有关系，主要是对市场越来越敬畏了，因为**市场是最强大的，也是最神奇的，它什么事情都可能发生**。

问题10：您在做期货之前是做现货流通和贸易的，当时是在什么机缘下接触期货的？期货的哪些魅力吸引您成为了职业交易者？

黄俊：原来我是做钢材流通贸易，在2004年的时候国内有些跟现货相关的电子盘，因为企业经营需要，我负责这块，当时也听朋友说过期货这事，对投资感到很神秘，就这样接触到了期货。

期货吸引我的魅力，说白了就是期货让我赚到钱了。**我做期货一直是战战兢兢的，从做期货的第一天就知道这东西有很大风险，**因为我的朋友曾经也做过，但是做得不好。后来我在操作过程中赚到了钱。可以说期货的捉摸不定，是对人性的考验。**而亏损和盈利往往更是对人性的一种考验。有盈利的单子考验着你的耐心和执著**，不要被快速获利的欲望所打断而去平仓的一种性格，另外**在亏损的时候不要抱着侥幸的心态**。有人说做期货就像做人一样，我觉得这话说得很有道理。当真金白银投入这个市场之后，你有很多人性的弱点会显露出来，**如果赚钱了，是市场对你人性优点的奖励；如果亏钱了，是对你人性弱点的惩罚**。市场特有的魅力把我吸引过来，如果我能成为职业交易者，靠这东西能养家糊口，可以过上比较好的生活，这也是吸引我成为职业交易者的原因。

问题11：您做期货已有7年了，和其他成功的期货交易者不同，您只有最初的3个月是亏损的，后来就走上了持续盈利的道路，您认为自己没有交太多学费就走向盈利的主要原因是什么？

黄俊：这个总结起来有三点原因：第一，我当时进入这个市场比较巧合，我是以小心翼翼的心态来做的。刚做期货的时候，一边看着约翰·墨菲的《期货市场技术分析》，一边看着盘，然后观察自己有无违反他说的东西。我记得约翰·墨菲的一句话："截断亏损，让利润奔跑。优秀的交易者往往会把风险控制在1%里面。"所以**一开始我对风险的观念比较突出，在我的交易思路里会占据头等重要的位置**，使得我做期货没有像大部分的人一样具有太大的赌性。我一开始就觉得这东西是有技巧的并且可以达到稳定盈利的目标，这是我一开始就从心态上规范自己的一个特点。

第二，当时我身边也有很多朋友在做期货，但是很多人都是亏损出局，包括我的一个好朋友。当时我记得很清楚，他是7月份拿了30万元做期货，到9月份就亏光了，又放了30万元，用了一个月又亏光了，后来他就不做了。在2005年的时候，**我认识到了趋势的力量**，往往一波趋势的起来或下跌，很多人会认为价格会有个相对的高点或低点，然后进去抄底摸顶。就像悬疑片一样，不到最后一刻，不回头看，我们不知道低点或者高点是在哪里，这是给我一个非常大的启迪。

第三，**就是我一开始碰到了一个良师益友，他也是个系统化交易者，让我认识到这个市场是不可预测的**。这个朋友对我的影响非常大，让我知道不在预测市场走势前提下能够盈利的一种观念。

可能正是这三点原因决定了我只是短期的亏损，之后几乎每年都是100%以上的盈利，除了去年比较低一点，从2005~2009年，这5年间，我基本上保持着100%~150%的收益率。

问题12：您觉得您这种"交很少的学费，在较短时间就实现盈利"的现象在其他投资者身上能复制吗？

黄俊：我觉得可以。**在期货市场上，你只要掌握了交易规律，谁在做都一样，区别可能是，交易时间越长的人，对正确的交易**

模式会有更深刻的认识，是发自内心的认可和肯定，知道应该怎么做。作为初学者，给一个正确的方法，他可能刚开始不能理解，但是结果可能是盈利的。这个当年理查德·丹尼斯的海龟训练很能说明问题，大部分海龟他们是什么都不懂的，但按照他的方法，这些人当时能够成功盈利，但当部分海龟离开了他独自做交易后，大部分是出现亏损的。只是有些人没有真正地去了解为什么这样做，为什么不可以用其他方法去做或者说其他方法不适合我，内心深层次的认可是需要时间积累的。

问题13：您交了少量学费后，每年都实现了100%以上的盈利，但2010年您的收益率下来了，好像只有30%左右，是什么原因导致您2010年收益率下降？

黄俊：我统计了一下2009年的收益，67%是来自螺纹钢的利润。所以去年我把交易重心放在螺纹钢上，但是没想到螺纹钢2010年的行情并不大，7~11月份的行情也不是很大，整年处于盘整，相比糖和棉花，它们在涨的时候，我的仓位很轻。所以说**我犯了个主观方面选择品种的错误，把2009年的经验套用到2010年行情操作上**，导致该有行情的时候没有什么仓位，把主要精力放在波动不大或者盘整的品种上面，导致收益率并不高。

问题14：您的期货座右铭是：永远只做市场的仆人，不做市场的主人；永远只做市场的学生，不做市场的老师。您是能从市场上拿到钱的人，为什么把自己定位成市场的“仆人”和“学生”？

黄俊：从个人经历和身边的朋友来看，我觉得**只有充分地尊重市场，才有可能紧紧地跟随市场，如果自认为是能够驾驭市场、掌控市场的人，结局往往不怎么样**。根据自己经验和基本面去判断行情，同时缺少资金管理和有效风险控制的模式来操作期货的人，往往资金曲线是大起大落的，甚至出现爆仓或者很不好的结局，往往是太漠视市场本身的力量，而又太看重自己对行情的研判。**市场是变幻莫测的，什么事情都有可能发生**，即便是个下跌趋势，也有可能出现比较强的反弹，如果节点把握不好，市场随时都可以给一个教训，让你感受到市场的力量。所以我的座右铭是：永远只做市场的仆人，不做市场的主人；永远只做市场的学生，不做市场的老师。**我为什么能够在市场拿到钱，我觉得是市场对我的奖励**。

问题15：您认为“操作理念决定赚钱多少”，请您解释一下这句话的意思？

黄俊：有句话叫“思路决定出路，思想决定行为，行为决定习惯，习惯决定性格，性格决定命运”，**不同的操作者都有不同的理念，不同的理念决定着赚多少钱**。比方说做日内交易的人，给他超过10个账户，他的收益率可能会出现很大的不同，管理账户资金的规模肯定也有限制。如果是一个中长线交易者，他的资金容量、操作账户数可能会有比较大的提升，长期来看稳定性会更好，账户的差异性也会更小。所以说这是一个理念的差异，就好比我们国家改革开放，现在我们是以经济建设为中心，原来不是，老百姓的经济生活可能是差的，现在以经济建设为中心，经济就好，物质生活水平就好了。就改革开放来说，它本身就是个理念，它的理念就决定了人民的生活水平是否会得到提升。

问题16：您曾在接受媒体采访时提到“周围做期货的朋友，以基本面判断行情的都在亏钱”，您觉得是他们没有用好基本面以及没有能力驾驭基本面，还是基本面对判断行情根本就是无用的？

黄俊：基本面不能说没用，肯定是有用的。首先我觉得行情不管处于什么位置，必然会出现看多或看空的理由，**任何位置都会有**

看多和看空的理由，但是大多数交易者掌握的基本面信息往往是滞后的。期货本身操作的是未来的一个预期，未来的基本面有可能会随着地缘政治、天气变化和各种各样意想不到的因素的影响。比方说经济数据，我可以预测6月份的经济数据会怎样，但仅仅是预测，究竟对错要到了6月份才知道。市场上可能会提前反应，但是预测的时候有些人是看多一点，有些人是看空一点。**用基本面来做行情的人，我觉得本质上还是处于主观交易层面**，不管是用什么基本面。当然我不排斥基本面。

没有用好基本面以及没有能力驾驭基本面，我觉得其原因是很多人掌握了基本面信息，但是没有良好的资金管理系统或风险管理策略，因为基于基本面分析之后的操作往往是交易者通过认真研究带来的结果，所以会带给交易者比较大的自信。如果出现和预期背离的走势，往往不愿意认错，或者逆向加仓，一旦看反了，就有可能出现大的回撤。**用基本面来做往往没有办法量化风险和利润，基本面预测容易使资金曲线大起大落**，在具体操作方面这是我不赞成依赖基本面的重要原因。我觉得做基本面还要结合风险控制和资金管理，还要看基本面信息是不是准确，能否反映将来的价格变化，这是要经常问自己的。如果都能够做好，用基本面来做也无可厚非。但是我觉得目前大部分的交易者都很难做到这一点。

问题17：您是蓝海密剑2009~2010期货实盘大赛志愿军组第一名，在参加蓝海密剑期货实盘大赛之前，您有没有参加过其他期货实盘大赛？您当时参加蓝海密剑大赛的主要动因是什么？

黄俊：原来没有参加过其他大赛，当时是在一个论坛上看到蓝海密剑大赛的消息，觉得东航金融各方面都做得很详细，参赛的人也比较多，所以引起了我的兴趣。**一方面是交一些朋友，另一方面**

也是检验一下自己的能力，就去参加了。

问题18：您是大赛选拔出来的种子基金的操盘手之一，您觉得您自己被选中做种子基金的“基金经理”的主要原因是什么？

黄俊：我觉得我的风格还是比较稳健，不会有太大的大起大落，在风险控制和追求利润上相对来说控制的比较好，**我的回撤和资金增长都控制得比较好，可能比较符合基金的要求**。

问题19：在“潜龙出渊”和后续的“蓝海密剑”大赛有很多期货高手都在参与，在这些高手中您最欣赏哪一位或哪几位？为什么？

黄俊：我比较欣赏周伟、郑加华、丁洪波。还有很多人我都欣赏，包括凌波微步和于海飞。

周伟我比较了解一点，他是执行系统相当坚决的一个交易者，他的自律和理性是我最钦佩的，他的心态非常超脱，无论在什么情况下，都不会影响他的执行，这点我是相当佩服的。如果我出现连续5次、6次的亏损，可能对心态有一定影响，但他依然没有太大的影响。所以他的心态是我学习的目标。

郑加华，他是我所接触过的国内可以称为大作手的交易者，交易风格霸气，果敢。他是我见识的第一个超大资金满仓博弈，并始终让资金在初始本金以上去波动的一个交易者，这是我相当佩服的。他坚定不移地去执行自己的计划和策略，他的心态和在复杂环境中的淡然，对节点拿捏的准确度和过程中的稳健，都值得我学习。在大资金规模并且在满仓的条件下，每天要忍受几百万甚至几千万来回的波动，我觉得这不是一般人能够做到的。

丁洪波的风格偏重隔夜短线，风险回报比非常高。他的交易模式和风格，我个人是比较欣赏的，资金曲线始终是处于上升通道的一个选手，风险回报比非常高，手法非常凶悍。

凌波微步是我们2010~2011年度第一赛季的冠军，他**对期货的理念、操作、风险回撤都是做得非常好的**，也是理论和实践都相当出色的一个选手。

于海飞，他应该算是中线型的趋势交易者，我个人觉得我和他的风格有点像，只不过在操作品种的数量和仓位上有区别。他在一个时期内重点往往是一两个品种，而我品种相对分散，他的操作给人印象深刻，并且是令人值得尊敬的选手。

问题20：听说您有时还会和周伟打麻将，您们的牌友还有哪些？“实战”下来，您觉得周伟的“牌品”怎么样？每个人打麻将的风格会不会和交易风格有一定的相关性？

黄俊：还有几个都是做期货的朋友。**周伟（打麻将）的牌品比较犀利，不喜欢做小牌，一场牌打下来，往往出现的另类大牌都是出自他的手中**。哈哈。比方说某人输钱了，但是他是该怎么打还是怎么打，不会手下留情，他不喜欢做小牌，**还经常说，下家不和上家牌**。上家打的牌一般他是不和的，他喜欢自摸，一场牌打下来，一些另类大牌往往都是出自他之手。我印象当中他只输过一次，大部分时候都是赢的，这个我觉得跟他的风格还是有点关系的，喜欢做大行情。

问题21：您现在是专职交易者，交易以外，除了偶尔和周伟打个麻将，其他时间您是怎样安排的？

黄俊：我基本上会去周边旅游，周末的时候，开车去没有去过的地方玩。另外我喜欢看看电影，看演唱会或者到书城去逛逛，和好朋友们聚聚。

问题22：您曾向投资者推荐过《趋势跟踪》和《通往金融王国

的自由之路》这两本书，请问您从这两本书里学到了哪些重要的东西？

黄俊：《趋势跟踪》是我的一本启蒙教材，让我相信这个世界很多杰出交易者都是因为趋势跟踪而成功的，还让我了解到趋势跟踪必须要做的一些事情。你的系统应该在怎样的市场做买卖，应该买卖多少，头寸是多少，什么时候开仓，什么时候止损，这些它都给了我一个比较好的答案。有句话我印象深刻，“承担不了亏损的情况下就不要去做交易”，**它把期货亏损作为一种成本放到交易思维里面，我觉得这是它对我最大的贡献**。

《通往金融王国的自由之路》这本书是范K·撒普写的，他是交易者心灵的导师，同时也是个长期的培训师。这本书**最大的启发是它量化了风险，并且把利润和风险作为一个数量化的比值做科学的统计**。我始终认为做交易是个科学的事情，一个好的交易者肯定有个科学的方法，其次才有一些艺术的东西。这跟一个好的演奏家、歌唱家一样，首先要有科学的发声方法，才有可能做一些艺术方面的创造和发挥。就像弹钢琴，连基本的指法都不能掌握的话，就不可能出来像郎朗这样的艺术家，这是一个相辅相成的工作。**这本书奠定了我作为一个交易者的科学思想的基础——怎么来量化风险，怎么来量化利润，怎么达到最后的成功**，在交易当中什么是最重要的，什么是次要的。艺术的东西有可能每个人都不一样，需要根据自己的性格去发展，而目的只有一个，就是成为成功的交易者。

所以这两本书对我的启迪是非常大的。还有一本书《幽灵的礼物》，这三本书我称之为交易的三部曲。我觉得每个交易者都应该看一下，书中谈到了快速止损，什么叫止损说得很清楚。另外一个是加码，对概念的探讨也是很独到的。总而言之，这三本书对我的启发是非常大的。

尾声：

我觉得中国的期货市场建立的时间不长，真正规范运作的时间也不长，也就10多年的时间，国内的从业者和交易者还有很多的路要走。我希望将来有更多的，像期货中国网这样跟期货有关的媒体更加关注这个领域，毕竟通过国外的一些案例，往往带给国人的是种羞辱，用比较看不起的一种观念来看待中国投资领域的人，这也需要媒体去改变。所以我觉得你们做这样的工作非常好，我希望你们将来能继续下去，让更多的人了解这个行业。**希望高层监管层尽早的放开CTA业务，能够提早让我们成为捍卫中国金融事业的一部分力量，为国家效力**。我觉得中国的金融领域需要更大的提升，这个提升不仅仅是我们交易者去做，也需要正规、权威、有广泛人脉关系的媒体一起去努力做好。所以我也非常感谢你们，也希望你们不断地去挖掘优秀的交易者让更多的人知道。

张健：期货是一种修行

（2011年5月17日　沈良整理）

张健： 蓝海密剑2009~2010期货实盘大赛陆军组第一名（收益率640%）。

东北汉子。交易风格以中长线波段为主，风险意识摆在首位，极少参与日内短线，坚守交易原则。

访谈精彩语录：

有时爱它，因为它会为我带来成功的喜悦，有时恨它，因为也会让我体会失败的沮丧。

大亏倒不曾有过，但也经历了3年亏损之路。

能走过来也许是一个微弱的信念在支撑着。

我主要看日K线。

均线运用基本属于“上穿买入、下穿空之”的方法。

频繁交易的弊端是容易让人失去冷静的心态、头脑发热、破坏自己的交易节奏，陷入越做越错、越错越做的怪圈之中！

基本面会看一点，但不会作为交易的依据。

基本面方面的信息比较庞杂，基本面的信息最终会反映到价格上来，技术分析看起来更直观一些，简单一些。

交易方法海纳百川，适合自己就好。

日线级别的行情一年之中机会毕竟有限。

交易一段时间之后会发现之前学的一些东西貌似有用也貌似无用。

交易时总会碰到诸多不如意的地方，它也是一个修心的过程。

我主要是K线、均线、形态三者结合来看。

日线观察市场整体走势，具体到交易进出位置结合5分钟周期。

某品种经过一段时间的反复震荡，在一个区间中，总会有一个突破临界点。

K线穿越比较重要的时间周期的均线或趋势线时，是值得参与交易的机会。

参赛得奖是对自己的一种肯定，会更加自信一些。

靠的也许就是一个微弱的信念，无惧磨难与艰辛，相信靠自己的努力能成就些事情。

问题1：张健老师您好，感谢您在百忙之中接受期货中国网和东航金融的联合专访。您做了5年期货了，对这个市场已经有了比较深刻的理解和自己的感悟，如果让您用一句话来描述“期货”，您认为它是什么？

张健：老师不敢当，我只是个普通平凡的投资者。对期货的感想让我想起青泽老师写的《十年一梦》里的一句话，独自徘徊在天堂与地狱之间！**有时爱它，因为它会为我带来成功的喜悦，有时恨它，因为也会让我体会失败的沮丧，并且成败只是短短的一念间！**

问题2：您在做期货之前没有做过其他类型的金融投资？您是在什么机缘下接触期货和做期货的？

张健：无意间在百度帖吧了解到“期货”的，**算做是误入“期”途吧**，呵呵！

问题3：您做期货没有大亏过就走上了盈利的道路，您觉得这是您运气好？天赋高？还是其他方面的因素？

张健：大亏倒不曾有过，但也经历了3年亏损之路。回头想想那段时间也蛮难的，期间也有过放弃的念头，**能走过来也许是一个微弱的信念在支撑着**。

问题4：您主要做中长线波段为主，擅长均线的运用，请问您主要看哪几个周期的均线？您用的是简单的上穿均线买入、下穿均线抛出的方法还是其他的方法？

张健：我主要看日K线。观察市场的整体状态，结合5分钟K线周期来观察市场细节走势，并决定进出场位置。**均线运用的话基本属于“上穿买入、下穿空之”的方法**。

问题5：您主要做中长线波段交易，那么当您看到或刚好遇到一个很不错的日内机会时，会不会顺便做一把日内交易？为什么？

张健：我是以波段交易为主的风格。**如有不错日内波段会做一下**，收盘前决定是否隔夜和留多少仓位，但统计下来做日内的次数比较少。

问题6：您觉得哪种类型的人适合做日内短线交易？而对普通人

来说，频繁交易最大的危害是什么？

张健：节奏感好、反应敏捷、日内盘感好的人适合做日内短线交易。

个人觉得**频繁交易的弊端是容易让人失去冷静的心态、头脑发热、破坏自己的交易节奏，陷入越做越错、越错越做的怪圈之中！**

问题7：您做交易以技术分析为主，但很多人认为做中长线一定要擅长基本面分析，您看不看基本面？会不会用基本面分析辅助行情分析和交易决策？

张健：基本面会看一点，但不会作为交易的依据。

因为基本面方面的信息比较庞杂，基本面的信息最终会反映到价格上来，技术分析看起来更直观一些，简单一些。

问题8：您的交易方法有没有形成相对固定的系统？还是一套相对灵活性的方法？

张健：有基本的交易原则和纪律，在框架之内根据市场变化相应灵活应对。

问题9：您如何看待程序化交易？您觉得程序化交易适合哪些类型的投资者使用？

张健：交易方法海纳百川，适合自己就好。因为我不是程序化交易者，不大好定论，不过这是我以后研究的方向。

问题10：您一般持仓几个品种？一个品种的仓位多少？账户的总仓位多少？

张健：我一般持有3个品种左右。单品种持仓10%~30%左右。总账户的持仓一般在20%~50%，偶尔会重仓。

问题11：您对风险的控制非常严格，但是很多做中长线的朋友都会遇到较大的回撤，您怎么规避或减少大的回撤？

张健：减仓规避或锁仓，避过市场调整期。

问题（补充）：您用“减仓规避或锁仓”规避回撤的效果如何？有时候会不会出现适得其反的结果？

张健：调整是市场的一部分，反复的震荡是很折磨心理的。如果点位比较好直接锁仓一下，不好的话则减仓，然后再看看市场的变化走势，等待下次入场时机，适得其反的情况难免会有，**没有完美的交易**。

问题12：您认为“大机遇、大盈利是坐出来的，不是做出来的”，请您解释一下这句话的意思？

张健：日线级别的行情一年之中机会毕竟有限，如主做日线波段的趋势行情的话，市场在大多时候为震荡无序的时刻，就需要耐心一些，伏击等待有价值的交易机会。

问题13：您抓取的是为数不多的中长线交易机会，如果一段时间里一直没有合适的交易机会出现，您会不会出现“煎熬”、“手痒”、“心痒”、“忍不住要出手试试”的状况？

张健：多少会有点，但不是十分强烈。简单会做一些交易，仓位轻点，试探性地做做，**把这种情绪释放出去，接下来的交易也会好做一些**。但一定要把交易控制在自己可控范围内。

问题14：您会不会因为等行情等太久了，反而麻痹了，从而错过了一些行情？

张健：会保持一种交易节奏，等太久产生麻木心理的情况出现得倒不多。但有时会产生对行情的错判、仓位控制不合理等，会导致一些行情擦肩而过。

问题15：您认为“交易早期用学的，后期用悟的”，请问“学”是指学哪些知识和技能？“悟”又是指悟什么呢？

张健：初入市场，尽可能地多学习基础的理论知识，如技术分析、投资理念和注意事项、资金管理等等。

当交易一段时间之后会发现之前学的一些东西貌似有用也貌似无用，这时候就开始了对技术方法去繁就简的过程。另外，**交易时总会碰到诸多不如意的地方，它也是一个修行的过程。**

问题16：您还说“交易是门艺术，每根K线都是一个跳动的音符，用心感受它的韵律和节奏，聆听美妙的旋律。”这是不是指您主要分析K线形态？除了K线，您主要还使用哪些技术指标？

张健：K线是个人分析市场所用工具之一。**我主要是K线、均线、形态三者结合来看。**

问题17：请问，您是如何“感悟K线的韵律和节奏”的？

张健：呵呵，这句话是当时的情境，脑海中偶闪一念想到的，其实就是**自我解读、感悟市场的发展规律和市场节奏。**

问题18：做中长线波段，您除了看日K线，还看哪些级别的K线？会不会把不同周期的K线结合分析、辅助决策？

张健：日线观察市场整体走势，如目前处在什么状态中，然后**具体到交易进出位置结合5分钟周期，**一个看整体一个看细节。

例如**某品种经过一段时间的反复震荡，在一个区间中，总会有一个突破临界点，**伴随成交持仓的放大产生突破行情，日K线也是由数根5分钟K线组成的，此时就可以在短期走势上来选择具体的点位来交易。

问题19：您看K线是一根一根地看，还是看一个K线组合？

张健：我主要是把K线组合起来看。

问题20：您觉得哪些K线形态出现后，比较值得下单参与？

张健：K线穿越比较重要的时间周期的均线或趋势线时，是值得

参与交易的机会。

问题21：在蓝海密剑2009~2010期货实盘大赛中您以640%的收益率荣获陆军组第一名。请问对您而言，是不是小资金的操作比大资金更容易获得高收益？

张健：小资金和大资金的操作差别肯定会有。如果坚持原则的一致性，遵守交易规则和纪律，如果心理承受力足够强，市场容量足够大，本质上大与小的操作理念基本相同，结果也基本相同。

问题22：您觉得自己参加大赛的最大乐趣是什么？最大的压力又是什么？

张健：**参赛得奖是对自己的一种肯定，会更加自信一些**。当时参加比赛抱着无心插柳的心境做的。**压力来源于比赛尾声阶段**，临结束3天左右吧，名次在第四名徘徊，犹如一场马拉松，冲刺时说什么也要坚持下去，否则会觉得有点可惜，正如此心态有点急躁，出现一些错误，不过蛮享受这个过程的。

问题23：您是辽宁人，在我们的印象中，除了大连以外，东北其他地区的期货高手似乎要比浙江、上海、深圳等地少很多，您在这样一个“高手稀缺”的氛围中，是怎样成长起来，成为赢家的？

张健：正如之前所说无意间知道期货的，觉得它相对会公平些。成功更多要靠自己，初期学习也没有一个和业内人士交流的环境，弯路走了不少，**靠的也许就是一个微弱的信念，无惧磨难与艰辛，相信靠自己的努力能成就些事情**。**回头想想蛮多辛酸的**，呵呵！

问题24：您做期货的终极目标是什么？

张健：个人目标有两种，一是做到40岁，二是达到心中自定的目标值。物质基础能让生活安逸点，轻松些，**做期货很累，别为难自己**。达到任何一种我就开始急流勇退，之后把期货当副业去做。

Freezegogo：抓住市场中的高潜力机会

（2011年5月18日　沈良整理）

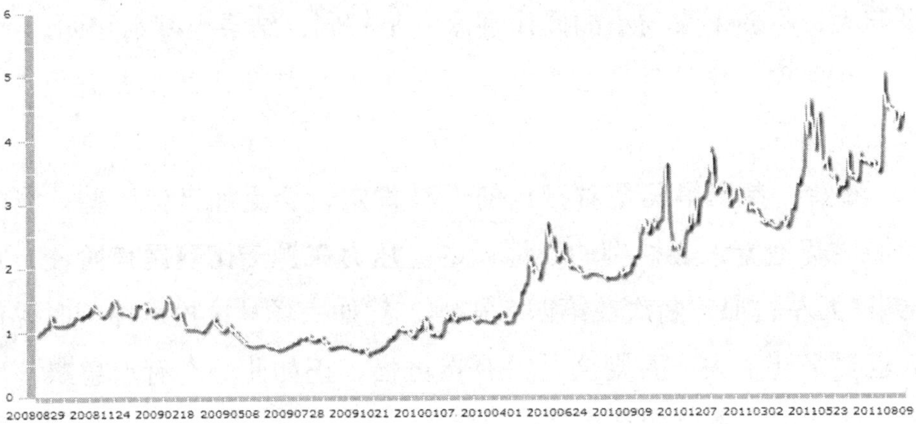

Freezegogo：蓝海密剑2009~2010期货实盘大赛海军组第一名（收益率146%）。姓徐，温州人，兼职做期货，趋势交易为主。

访谈精彩语录：

期货最大的魅力是它比起股票来更难操纵，信息不对称的程度要小很多，相对来说更加公平些。

要守住止损这条底线，我盘前经常会下条件止损单，还有就是仓位要偏轻，对价格的不利波动要有心理准备。

第一个阶段，操作特征就是仓位重，对风险认识不足。

第二个阶段，除了盲目重仓和不止损之外，所有做中长线能犯的错误基本上都犯了。

第三个阶段，感到交易心理和技术都有所提升，错误还经常犯，但犯得没以前多。

第四个阶段，管理更大规模的资金，对自己在交易的各个方面，特别是心理调节能力上都是一个更高的挑战。

高潜力就是指价格朝某个方向移动幅度的数学期望值较高。就实战而言，要么是把握较大，也就是盈利的概率较高；要么就是盈利空间较大。两者兼具当然最佳。

在潜力判断上，我自己还是经验和主观判断的成分多一点。

我感觉加减仓还是挺难把握的，因为如果持仓时加入波段操作的话，其本质就是在中长线中加入短线的成分，对交易者的要求很高。

两种情况下加仓：①行情从不明朗到逐步明朗，但仍有较大空间；②有的头寸我判断中长线潜力较高。

我个人经验，盲目加仓是挺容易出问题的。

减仓的话，我总的原则是危险时就减仓。

有一些机械的减仓规则，也有一些相对灵活的规则。

除了被快速打出止损位和主动调整配置的头寸，一般能持有几周到几个月。

一般来说，高潜力的头寸我跟踪止损的设定会偏宽一些。

我有好几套离场规则，进场时我会选一套。

（几个月不赚钱）心态上当然会焦虑！如果别人又在关注你的操作和盈亏，那压力就更大了。

把短期的盈亏看淡一些，没有大亏就是胜利。

即使连续亏损，也要保持对市场的关注。

我觉得资金规模上了一定级别后，如果能连续几年都盈利30%~60%，已经是暴利了。

就方向性交易而言，在技术水平不变的条件下，要追求高盈利无非两条途径，加大平均仓位规模或平均交易频率。

仓位重到一定程度后，其伴随的潜在破产风险会急剧上升，这样的暴利不要也罢。

找一个盈利和潜在回撤幅度的平衡点。

对于金融市场，价格运动的具体幅度和时间点我们当然不能去奢望做到精确预测。

绝大多数时候，我们对行情只能判断个大概，而且判断错误的次数常常超过我们的想象。

我作为一个交易者，所能做的是：①只参与盈利期望值相对较高的机会；②通过长期的分散交易来尽可能地使正的数学期望转化为实际盈利；③重视潜在的极端风险。

策略的相关性是一回事，持有头寸的相关性又是另外一回事。

技术分析方法上，我基本以看价格形态K线为主，有时候也会自己编一些简单的技术指标，但用的不多。

Freeze是希望自己冷静一点吧，Gogo听起来比较有冲劲。

我虽然没什么钱，但对赚钱的欲望只能说是一般般，我更多的是想完成一个艰难的任务。

近些年的房地产牛市和其他一些资产的飙升，吊高了大家对收益率的胃口吧，但是好年景并不是常常都有的。

温州精神最主要的方面应该是喜欢挑战，渴望成功但又不怕失败。

愿望总是美好的，现实有可能是残酷的。还是保留一份谨慎吧。

问题1：Freezegogo您好，感谢您在百忙之中接受期货中国网和东航金融的联合专访。您是2006年开始做期货的，做期货之前，您知不知道它的风险性？当时为什么会参与期货投资？

Freezegogo：做期货之前了解不多，大致上知道风险比较高。**当时是在网上看了一篇比尔米勒的文章，说铜目前的价格远高于边际成本**，有很大的泡沫。然后**我一心动，就筹了点钱去放空铜了**。

问题2：您以前还做过一段时间股票，后来就不做了，是不是做了期货之后，就感觉做股票没啥意思了？您觉得期货和股票相比，最大的魅力是什么？

Freezegogo：股票做的时间很短，当时也是牛市里随大流，没怎么研究过。

期货最大的魅力是它比起股票来更难操纵，信息不对称的程度要小很多，相对来说更加公平些。还有就是股票做空有限制，而且是T+1，有时候还会长时间停牌。期货做起来更加灵活。这两点对个人投机者而言都是**很宝贵的特性**。

问题3：您现在还在公司上班，期货只是兼职做做，请问您是做什么工作的？期货的交易机会可能转瞬即逝，在交易时间，您可以天天看着期货行情吗？

Freezegogo：文职工作吧，很多时候挺忙的，肯定不能盯盘。一般是要操作了就在上班前下个自动单、条件单之类的，中午休息时再看看，主要还是用晚上或者周末的时间来研究。**有时候是会因**

为上班错过机会，但因为我做的是中长线，可能出现机会的窗口时间要长一点，总体而言还可以接受。

其实如果控制好仓位规模，做期货的中长线，跟一般散户做股票的中长线差别不是很大。最大的区别是**要守住止损这条底线，我盘前经常会下条件止损单，还有就是仓位要偏轻，对价格的不利波动要有心理准备**。

问题4：您有没有想过专职做期货？在什么情况下，您会考虑专职做期货？

Freezegogo：想过。感到自己心理上能够承受专职的压力，**即使失败也可以熬过去**。

问题5：您做期货五六年了，如果让您把自己的期货生涯分几个阶段，您会怎么分？每个阶段的特征是怎样的？

Freezegogo：应该是4年多吧，2006年9月底开始做的。

第一个阶段，是刚开始到2006年底的这段时间，主要是做了一波空铜，经历了资金的大幅缩水和回到起点。那时候的**操作特征就是仓位重，对风险认识不足**。

第二个阶段，2007~2009年应该算是缓慢的成长期，**除了盲目重仓和不止损之外，所有做中长线能犯的错误基本上都犯了**，成绩也一般，但是自己一直在不断总结和改进。

第三个阶段，应该是2010年抓住了一两个比较好的中长线机会，拿到了蓝海密剑比赛的奖项，**感到交易心理和技术都有所提升，错误还经常犯，但犯得没以前多**。

第四个阶段，就是今年了，开始**管理更大规模的资金**，在媒体上也有实盘，**对自己在交易的各个方面，特别是心理调节能力上都是一个更高的挑战**。

问题6：您是做中长线交易的，以趋势跟踪为主，您找的是市场中的“高潜力机会”，请问什么样的机会是您所理解的“高潜力机会”？

Freezegogo：**高潜力就是指价格朝某个方向移动幅度的数学期望值较高。就实战而言，要么是把握较大，也就是盈利的概率较高；要么就是盈利空间较大。两者兼具当然最佳。**比方说金融危机将爆发未爆发前，当然是做空的想象空间比做多要大很多，这就是一个高潜力机会。**在潜力判断上，我自己还是经验和主观判断的成分多一点。**

问题7：您一般会持有几个品种？每个品种占用多少比例的资金？您最多会持有几个品种？

Freezegogo：少的时候1~2个，多的时候4~6个。每个品种资金比例5%~30%不等。最多的时候拿过8~9个品种吧。

问题8：您做单有没有加减仓的习惯？或者说您的系统有没有减仓的设计？如果有，您会在什么情况下加减仓？

Freezegogo：有的。但**我感觉加减仓还是挺难把握的，因为如果持仓时加入波段操作的话，其本质就是在中长线中加入短线的成分，对交易者的要求很高。**

我一般会在以下两种情况下加仓：

①行情从不明朗到逐步明朗，但仍有较大空间。比如说横盘时我做了空，向下突破了我就加一点。

②有的头寸我判断中长线潜力较高，那么在**趋势回撤且有盈利时，我会加一点。**

我在加仓上是比较谨慎的。因为从理论上说，除非行情发展过程中，某个头寸未来盈利的数学期望值提高了，否则没有理由增加头寸所占的资金比例。如果盈利了以后想要通过加仓来实现所谓的“扩大战果”，那么继续持仓就够了，留仓已经相当于“追击”了。**我个人经验，盲目加仓是挺容易出问题的**。

减仓的话，我总的原则是危险时就减仓。有时候是凭市场直觉，有时候是根据一些技术面或者基本面的迹象来判断，有时候靠近目标位了也会减一点。**有一些机械的减仓规则，也有一些相对灵活的规则**。

问题9：您做中长线趋势交易，平均下来持仓时间有多长？您做过的交易中，持仓最长的一次是持有哪个品种、持仓了多久？

Freezegogo：平均下来没算过，**除了被快速打出止损位和主动调整配置的头寸，一般能持有几周到几个月吧**。最长的没有印象了。

问题10：如果初始止损没有被打破，行情向您持仓的有利方向运动，您的止损位置是逐步调整的。请问您调整止损的基本原则和大概的幅度是怎样的？

Freezegogo：这个我是根据对中长线的潜力判断来选择离场规则的，**一般来说，高潜力的头寸我跟踪止损的设定会偏宽一些**。

其实，我有好几套离场规则，比如我把它们叫做L1、L2、L3，进场时我会选一套。

问题11：做中长线可能会遇到盘整几个月都不赚钱的情况，您有没有遇到过？遇到时会不会出现心态急躁的现象？您觉得应该怎么克服？

Freezegogo：有。今年前几个月就是震荡很厉害的行情，我资金一度回撤了15%左右。**心态上当然会焦虑！如果别人又在关注你的操作和盈亏，那压力就更大了**。

至于怎么克服，我觉得一个是**把短期的盈亏看淡一些，没有大亏就是胜利**。给自己一个1~3年的期限，到时候再来算总账。还有一个就是**即使连续亏损，也要保持对市场的关注**。

问题12：一般来说中长线交易者追求的是稳健盈利，而您在接受上海的一个媒体采访时表示您追求的是暴利，请问您是如何定义“暴利”的？另外，您追求每年多少的盈利？

Freezegogo：这个说法我倒不记得了。如果我说过的话，那也是指相对基准贷款利率而言的“暴利”。**我觉得资金规模上了一定级别后，如果能连续几年都盈利30%~60%，已经是暴利了**。在东航比赛的账户，我在心理上对盈利的期望就要高一些，因为资金不算很多，而且我清楚地知道这必然伴随着风险的扩大。

就方向性交易而言，在技术水平不变的条件下，要追求高盈利无非两条途径，加大平均仓位规模或平均交易频率。我觉得这里有一个度的问题，**仓位重到一定程度后，其伴随的潜在破产风险会急剧上升，这样的暴利不要也罢**。即使不破产，所可能带来的权益大幅回撤对交易者心理的打击也是很致命的。关键是根据投资者的风险偏好，**找一个盈利和潜在回撤幅度的平衡点**。

问题13：您认为“市场本质上具备混沌系统的不可测特征，失败的风险总是隐藏在冰山之下”，如果说市场是不可测的，那么您做交易的依据是什么？

Freezegogo：我这里说的“不可测”指的是对行情的判断非常难以达到精确的程度。如果是做物理实验，你可以精确地预测物体的运动轨迹和落点，误差不会很大。而**对于金融市场，价格运动的具体幅度和时间点我们当然不能去奢望做到精确预测**。单就中期的方向而言，很多时候难以判断做空还是做多更有优势，有的时候可能行情相对明朗一点，但是实际上判断对的概率只有六成或七成，只有极少数的行情判断起来能够相对更准确一些。简单的说，就是**绝大多数时候，我们对行情只能判断个大概，而且判断错误的次数常常超过我们的想象**。

我作为一个交易者，所能做的是：①只参与盈利期望值相对较高的机会；②通过长期的分散交易来尽可能地使正的数学期望转化为实际盈利；③重视潜在的极端风险。

问题14：您觉得市场有哪些“隐藏在冰山之下”的风险？

Freezegogo：**所谓冰山之下的风险有3种：①所有人都无法预期的风险**，比如地震；**②未公开的市场因素**，比如冷战时期前苏联有一次突然从美国进口大量谷物；**③摆在那里，但被主流市场力量或市场舆论所忽略的因素**。其中③的情况是最常见的。

问题15：您“倾向于交易策略分散化，使用的策略最好在核心思想上有较大区别”，那么请问您现在总共使用了几套策略在做？这些策略是相关性很低的策略吗？您如何分配不同策略之间的资金比例？

Freezegogo：从交易策略的核心思想来分，大概有4种，有基本面驱动的，也有技术面驱动的。从长期角度来看策略的相关性不高。这里主要指的是进场机会的选择。在离场上，我大部分时间是一个趋势跟踪者，所以震荡行情对我来说也是很难熬的。

还有一点要注意的就是，**策略的相关性是一回事，持有头寸的相关性又是另外一回事**。所以资金比例我还是从头寸的潜力和相关性来考虑分配。

问题16：您不太相信约翰·墨菲，也不太认同他的《期货市场技术分析》，那么请问您所用的技术分析、指标以及分析的图表形态是不是和一般的交易者是不同的？您用的是怎样的分析方法？

Freezegogo：那本所谓的经典**只不过是把一些陈旧的技术分析方法汇总了一下，然后原封不动地端上来的大杂烩**。**对技术分析方法的本质并没有深入地阐述，也并未提供有说服力的证据**。打个比方说，RSI和KDJ有什么本质区别呢？它们是否真正有效？如果有效，那么为什么有效？未来它们是否会仍然有效？类似问题的探讨才是我想看到的。

技术分析方法上，我基本以看价格形态K线为主，有时候也会自己编一些简单的技术指标，但用的不多。

问题17：您最喜欢的书是《股票作手回忆录》，这本书给您的最大感悟是什么？您从中学到了什么？

Freezegogo：印象最深的是利弗莫尔**对待投机的严谨态度、坦然面对不利交易结果的能力、投机成功时所流露出的成就感和优越感**，还有他**重视投机本身胜于金钱的价值观**。

学到的东西包括：

①**技术面和基本面分析可以结合使用**。利弗莫尔创立了很多经典的技术分析方法和技术类交易策略，但是他也经常使用基本面分析。

②**在资金管理上要谨慎**。利弗莫尔这种天才重仓操作的结果也是几次破产。

问题18：您参加了东航金融的蓝海密剑期货实盘大赛，并取得了2009~2010年度的海军组第一名，您觉得用参加大赛的形式能否提高交易者的投资水平？为什么？

Freezegogo：我觉得对交易水平是有好处的。**首先有个额外的动力吧**，希望能够拿到好一点的名次。当然这里要注意千万不能因为这个而急于求成。**然后就是从比赛网站能看到有挺多交易者跟自己一起在这个市场奋斗**，不像以前一个人做交易感觉那么孤独。行情震荡的时候，看看别人亏得也不少嘛，心里会平衡一些，哈哈。

问题19：您参加比赛的昵称是“Freezegogo”，大部分选手取得名字都是中文名，而您用了一个英文名，“Freezegogo”大概是什么意思？它是不是包含了您的一些投资理念？

Freezegogo：Freeze是希望自己冷静一点吧，Gogo听起来比较有冲劲啊。而且我以前是打星际的，我发现曾经连续三届的星际世界冠军ID里都有“go”啊。我希望它能给自己带来好运吧。

问题20：您是温州人，我们知道温州人有钱，温州人做投资对收益率要求很高，请问您觉得自己身上的“温州基因”明不明显？在您眼中的“温州精神”是怎样的？

Freezegogo：还好吧，**我虽然没什么钱，但对赚钱的欲望只能说是一般般，我更多的是想完成一个艰难的任务**。就像一座雪山摆在你面前，即使没有什么物质利益，有的人总是想去攀到顶峰。就收益率而言，我觉得**近些年的房地产牛市和其他一些资产的飙升，吊高了大家对收益率的胃口吧，但是好年景并不是常常都有的**。

温州精神最主要的方面应该是喜欢挑战，渴望成功但又不怕失败。我有两个表哥经常鼓励我趁年轻时闯一闯，我的家人、朋友，还有在杭的温州人同乡会“瓯江潮”也给了我不少支持，我想在这里向他们表示感谢。

问题21：您在期货市场下一个目标是什么？打算如何实现它？

Freezegogo：最后一个问题就不详细回答了……**愿望总是美好的，现实有可能是残酷的。还是保留一份谨慎吧**。

周伟：主观交易靠天赋，客观交易凭心智

（2011年5月19日　沈良整理）

周伟： 网络昵称“做期货的基金”，浙江平湖人，现居上海，1993年进入中国股票市场，1998年开始从事个人期货交易，几经起伏，也曾爆过仓，目前以程序化交易为主。

2008年9月1日至2009年8月31日，在中国金融投资“潜龙出渊”期货实盘大赛中，用严格的程序化交易实现623.86%的收益，以稳定的资金增长，可控的资金回撤摘得“潜龙出渊”年度综合总冠军和A组累计收益率冠军，并在16个月内将东航期货8510618号账户从30万做到630万(期间资金最大回撤率为30%)。

在2009~2010蓝海密剑期货实盘大赛中，又以119.29%的成绩获

得了蓝海密剑功绩勋章、后备战地指挥官、大校晋衔奖等奖项。

访谈精彩语录：

浙江人老是喜欢把期货交易喊成“炒”期货，我不大喜欢这个“炒”字。

只是想和大家声明一下，我只做期货，不做股票或基金什么的。

市场上大家都在使用的指标我肯定不会再去用了，我的系统主要是把价格和几个自创的指标组合在一起。

“多套系统组合”的操作模式现在研究出来了。

任何一个交易系统都需要在使用中针对市场环境的变化不断地修正、完善和优化，没有一个交易系统是可以无往不胜、经久不衰的。

股指期货我也交易了，感觉和商品期货区别不大。

依然如此，不看基本面。

市场容量还是很大的，我们每个交易员做好自己的系统就可以了。

暴利，一般至少得年收益率超过10倍吧。

程序化交易的优势不是在于短期暴利，而是在于盈利能力的稳定性和可持续性，进而能充分发挥长期复利。

“潜龙出渊”是我参加的第一个期货实盘比赛。

中国期货市场高手如云，我这水平也很一般。

一个1000万的账户和一个1万的账户放在一起搞收益率排名的话，我觉得很幼稚、很可笑。

假如拉瑞·威廉姆斯和乔治·索罗斯同时来中国参加期货比

赛，好像只有在蓝海密剑的比赛中，乔治·索罗斯才有可能战胜拉瑞·威廉姆斯。

没有系统钝化一说，至于说到系统的资金瓶颈，好多朋友问过我，我确实不知道是多少。

我觉得一个一成不变的交易系统是不可能永久有效的。

东航金融的“种子一号基金”是一个很不错的投资理财产品，我一直对身边的朋友推荐他们去申购这个基金。

从我个人来说，我更喜欢那些客观型交易员。

一般来说，主观型交易员靠天赋赚钱，客观型交易员凭心智盈利，不管你是什么风格的交易员，只要你不断地从市场上赚钱，你就是赢家。

佛性可能有一点吧，佛缘好像还没感觉到。

对于老庄的道家学派，我一直比较有浓厚的兴趣。

我可能是你见过的最疯狂的期货交易员，除了房子，我全部的个人资产都投在期货市场上。

我觉得资金放在自己的交易账户里，每天看着是最安全的。

我现在把自有资金按照好几个不同的交易策略，不同的风险/报酬结构分别投入在不同的期货交易账户上。

对于理查德·丹尼斯来说，他可以把一个普通的期货交易员培养成一个优秀的期货交易员，但他不可能把所有普通的期货交易员都培养成优秀的期货交易员！

麻将不是我的最大爱好，我最大的爱好是打台球。

我太太小我几岁，我一直感觉和她有点代沟。

期货交易这一行淘汰率太高了，要成功太难了，要吃很多苦的，我不希望我的孩子吃这么多苦。

小资金追求暴利，大资金讲究稳定。

我以前几万资金的时候也重仓做单的。

资金量大了，慢慢地要从追求相对收益率转变为绝对收益额。

朋友们都知道我从不坐飞机的，因为坐飞机无法止损，我不喜欢做没法止损的事情。

我对所有交易的品种都是同等对待的，没有重点不重点之分。

作为一个系统交易者是不能对交易对象有感情的。

推荐新手看约翰·墨菲的《期货市场技术分析》；推荐老手看阿尔佩西·帕特尔的《全球顶尖交易员的成功实践和心路历程》；推荐系统交易员看波涛的那几本书。

如果以10年或10年以上来看，我觉得期货人盈利比例在0.1%左右。

每天早上从家里走到交易室的十几分钟是我一天之中最开心、最期待的。

我想期货是要做一辈子的了。

问题1：周伟老师您好，感谢您在百忙之中接受期货中国网和东航金融的联合专访。您的QQ昵称是“做期货的”，参赛的昵称是“做期货的基金”，请您说说这两个名字的由来？有什么含义？您为什么用这样的名字？

周伟：用“做期货的”作为自己的ID，有两层意思：

一是：“做”期货的，我们浙江人老是喜欢把期货交易喊成“炒”期货，我不大喜欢这个“炒”字，感觉短期投机味道太浓了，再说我是做中长线的，所以我用了一个“做”字，特别像我们这种做系统交易的，我觉得可以把期货交易作为一个长期的个人事业来做。

二是：做“期货”的，只是想和大家声明一下，我只做期货，不做股票或基金什么的，对好多非业内人士来说，期货和股票差不多是一个概念。经常有人问我是做什么的，我回答说是做期货的，他们就会继续问，现在股票行情好不好做，我觉得有点怪怪的，在股票市场上我根本没有进行投资。

后来，东航金融建议我改动一下ID，就在后面加上了“基金”二字。

问题2：在您的交易系统中，主要依据哪些指标作为进场、出场的决策？是不是也用一些自创的指标？

周伟：市场上大家都在使用的指标我肯定不会再去用了，我的系统主要是把价格和几个自创的指标组合在一起。

问题3：您的“比赛账户基本上单笔风险控制在2.5%左右”，那么非比赛账户单笔亏损又控制在多少呢？

周伟：非比赛账户单笔风险控制在0.1%~2.0%的都有，主要还是要看账户资金对报酬与风险比的要求。

问题4：您曾表示可能会研究“多套系统组合”的操作模式，后来您研究了没有？有没有用于实战？

周伟：“多套系统组合”的操作模式现在研究出来了，已经在自己的一个账户中开始试用了，目前来看运行还算正常。

以前的系统是趋势型的，新研究的系统更适合于震荡市场，和以前的系统是负相关度，要不然就没有意义了。

问题5：您的交易系统在2008年参赛前就比较成熟了，现在差不多又过了3年时间，您的系统有没有改进过？有没有做过大的修改？

周伟：任何一个交易系统都需要在使用中针对市场环境的变化

不断地修正、完善和优化，没有一个交易系统是可以无往不胜、经久不衰的。

问题6：股指期货上市后，成交相当活跃，也有不少朋友认为股指期货特别适合技术分析，请问您操作股指期货了吗？您的系统在股指上能否取得较好的盈利？

周伟：股指期货我也交易了，感觉和商品期货区别不大，最大的区别可能还是股指期货最活跃的一直是现货月合约，对我这种中长线交易员来说需要不断地进行换月，**一年交易下来，系统在股指期货上面还是盈利的**。

问题7：您以前做交易是不看基本面的，现在是否依然如此？

周伟：依然如此，不看基本面。

问题8：网络上曾有网友爆料说您有一段时间资金盘整9个月之多，有没有这回事？是不是您的交易系统曾经失灵过？还是由其他的原因造成的？

周伟：呵呵，"爆料"一词有点夸大了，我比赛账户资金权益每天都在东航的"蓝海密剑"比赛中公布于众，大家都可以通过网络看到。

这个比赛账户从2010年1月6日到10月13日的9个月里，资金权益一直没有创新高，确实是有这回事的。网友所"爆料"的可能就是指这9个月吧，**这个谈不上系统失灵，这种情况前几年也出现过，以后可能还会出现**，我觉得这是很正常的市场表现。据我所知，国内外做系统交易的，也曾出现过类似的情况。

问题9：这一两年，陆续有一些来自台湾、香港、美国、加拿大等地的"程序化交易高手"进入国内，开始参与国内的股指期货和商品期货交易。您觉得和他们相比，像您这样的国内草根程序化交易高手的优、劣势分别有哪些？面对这些“真、假洋鬼子”，您有压力吗？

周伟：我也和几个海外的程序化交易员交流过，可惜到目前为止认识的海外交易员之中，他们好像都是做日内高频交易。做中长线的程序化交易员，我还没有遇到过，可能和我交友圈子有关。如果你们有这方面的交易员，希望能介绍给我认识、学习和交流一下，我是非常感激的。

国内外程序化交易员的优劣是显而易见的。**国内那些土生土长出来的程序化交易员毕竟是从市场底层一步步做下来的，经过多年的打拼，他们对本国期货市场更熟悉、更有适应能力。而国外程序化交易员可能见识更广一点，但也可能会水土不服。**

至于说到压力，我倒没觉得，毕竟**这个市场容量还是很大的，我们每个交易员做好自己的系统就可以了。**

问题10：您认为“期货交易获利是对性格优点的奖赏”，请问具有什么样性格的人比较容易盈利？而具有什么样的性格又比较容易亏损呢？

周伟：一般来说，**受过良好教育、自信、精明、对数字敏感、言行一致、理解力强、经历过重大挫折而又能东山再起的、不过分看重金钱、热爱期货交易事业、性格坚强内向、生活自律、喜欢独立思考、具有哲学思维和人格魅力的人，在交易领域成功的概率要高一点。**

那些喜欢合群扎堆、遇事没主见、人云亦云的、不爱学习的、做错事喜欢推诿责任的、言行不一、喜欢吹牛的、太看重面子的、对金钱欲望强烈、喜欢热闹害怕孤独的人，不大可能在交易领域成功。

问题11：您接受某媒体采访时曾表示“选择系统化交易会失去暴利的机会”，您是如何定义暴利的？为什么说程序化交易和暴利无缘？

周伟：暴利，一般至少得年收益率超过10倍吧。程序化交易和暴利无缘是由统计数据得出来的结论，至少到今天为止，所有短期暴利的创造者都是主观型交易员，还没出现过一个客观型交易员的。当然**程序化交易的优势不是在于短期暴利，而是在于盈利能力的稳定性和可持续性，进而能充分发挥长期复利**。

问题12：2008年之前，您似乎没有参加过期货实盘大赛，2008年您是如何了解到东航金融的“潜龙出渊”期货实盘大赛的？当时是抱着怎样的目的参赛的？

周伟：是的，“潜龙出渊”是我参加的第一个期货实盘比赛，当时我是通过炒客论坛知晓东航金融举办期货比赛事宜的。这个比赛最吸引我的地方是他们的保证金收得比较低，只是在交易所基础上加了2%，手续费标准也比较合理，不算很贵。我当时是在其他期货公司做交易的，保证金基本上是按照交易所基础上加4%~5%来收的，和他们的老总也沟通过好几次，都不肯把保证金给我降下来。我想反正是做交易，在哪儿做不是做，保证金收低一点，正期望值的交易系统，常年累计下来还是能多赚一些钱的，至于最后能不能拿奖，倒想得不多。**中国期货市场高手如云，我这水平也很一般，再说我是做系统交易的，不大可能在短期之内收益率会有爆发性增长，没有想到运气不错，最后能拿冠军**。

问题13：现在有好多全国范围内类似的知名期货实盘比赛，除了“蓝海密剑”之外，您是否还会考虑参加其他的期货实盘比赛？为什么？

周伟：“潜龙出渊”结束之后，确实也接到过几个比赛邀请电话，希望我能去参加他们的比赛，我都推辞了，我觉得其他的期货实盘比赛好像都是只看收益率，没有多大意义。**一个1000万的账户和一个1万的账户放在一起搞收益率排名的话，我觉得很幼稚、很可笑。而东航的“蓝海密剑”（以及之前的“潜龙出渊”）和其他期货实盘比赛的最大区别是在于它是用一整套考核指标综合打分来评定冠军的。显而易见其排名更有科学性，而且其他的比赛周期太短，对做中长线的交易员不是很公平。**

假如拉瑞·威廉姆斯和乔治·索罗斯同时来中国参加期货比赛，好像只有在“蓝海密剑”的比赛中，乔治·索罗斯才有可能战胜拉瑞·威廉姆斯，而在其他的任何期货实盘比赛中，乔治·索罗斯都将完败于拉瑞·威廉姆斯。至于拉瑞·威廉姆斯和乔治·索罗斯两者的水平谁更高一点，我想大家都知道，就无需我再多说了吧。

问题14：您第一年参赛“潜龙出渊”获得623.86%的收益，第二年参赛“蓝海密剑”获得119.29% 的收益，是不是因为您操作资金大了，慢慢地从追求盈利率转变为追求盈利额了呢？

周伟：我上次就说过，2008~2009年度“潜龙出渊”623.86%的收益率是有运气成分的，和百年不遇的金融危机有关，那一年行情特别大，这个不是系统的常态表现；从2004年至今，几年使用下来，我的系统的年收益率都在100%左右。所以2009~2010年度“**蓝海密剑”的119.29%收益率，我倒是觉得很正常，我希望自己今后不断地修改、完善自己的系统，每年都能保持这个收益。**

问题15：还是说运作的资金大了之后，您的系统开始钝化了？您觉得自己的系统最大的资金容量是多少？

周伟：没有系统钝化一说，至于说到系统的资金瓶颈，好多朋友问过我，我确实不知道是多少。由于现在我交易十几个品种，而且都是选择主力合约作为交易对象，对我来说，操作几千万，几亿和几十亿资金，没有任何区别，只要把下单量扩大10倍或100倍就可以了。当然持仓量不要超过交易所限额。

问题16：您觉得世界上是否存在永久有效的交易系统？

周伟：这要看你怎么定义“永久有效”这个词了。**我觉得一个一成不变的交易系统是不可能永久有效的**，你需要不断地根据市场的变化对你自己的系统进行完善、优化，才能使你的系统具有可持续的稳定盈利能力。

问题17：您是大赛选拔出来的种子基金的操盘手之一，您觉得您自己被选中做种子基金的“基金经理”的主要原因是什么？

周伟：呵呵，这个得去问东航金融的资产管理部门，**可能他们觉得我每年多多少少能赚点钱的，资金回撤可控吧**。

问题18：“种子一号基金”由多个操盘手共同操作，您觉得多人操作的模式和一个人操作的模式相比，哪个更好一些？从实际运作的效果来看，您认为多人合作是促进了，还是牵制了账户的盈利？

周伟：东航金融的“种子一号基金”是一个很不错的投资理财产品，我一直对身边的朋友推荐他们去申购这个基金。首先，这个基金的操盘手都是通过长期比赛涌现出来的期货交易高手；其次，由东航金融资产管理部门负责对操盘手的淘汰筛选机制，确保操盘手之间有一个长期性的优胜劣汰过程；最后，就是他们一整套严格的风险管理制度，确保基金运作的风险率在一个可控范围内。

从近一年的表现来看，近30%的收益率还是较为令人满意的，由于是不同风格的交易员组合在一起的多人操作模式，年度最大回撤（不是亏损率）控制在10%左右，这份成绩单还是不错的。

“种子一号基金”是去年6月份开始运作的，我想大家都通过东航的网站看到了，只是在基金刚开始的几个交易日净值到过1.00元以下（最低到过0.99元），后来净值就一直在1.00元以上。也就是说基金的原始持有人从一开始只承受过1%的浮动亏损，后来就一直处于浮动盈利状态至今。

问题19：在“潜龙出渊”和“蓝海密剑”的大赛中出现了一些系统化交易者或半系统化交易者，也涌现了一些以主观交易为主的高手，您如何看待通过主观交易取得高收益的现象？您认为主观交易的高收益可持续吗？

周伟：“蓝海密剑”（以及之前的“潜龙出渊”）比赛快3年了，从比赛之中出现了许多不同交易风格的选手，优秀的客观型交易员也出现了好几个，尽管客观型交易员短期内收益率可能没有主观型交易员那么令人瞩目，但其可以做到每年稳定地从市场中盈利，**从我个人来说，我更喜欢那些客观型交易员**。

当然，交易成功不会是只有一种模式的，所以也不能忽视那些有天赋、创造了收益神话的主观型交易员。**一般来说，主观型交易员靠天赋赚钱，客观型交易员凭心智盈利，不管你是什么风格的交易员，只要你不断地从市场上赚钱，你就是赢家**。

问题20：有一次聚餐时，坐在我边上的朋友说，您远看就像“一尊佛”一样坐在那里，而且神态、表情也像“佛”，您觉得自己有没有佛性或佛缘？

周伟：佛性可能有一点吧，佛缘好象还没感觉到。我这个人比较喜欢清静的生活环境，前几天还和朋友开玩笑说，最好能找个山清水秀的寺庙安安静静地待上个一年半载，看看书、喝喝茶、爬爬山，挺向往的……

对于老庄的道家学派，我一直比较有浓厚的兴趣，家里电脑上还存有《于丹庄子心得》的视频。

问题21：请问您目前个人资产中有多少比例投资在期货市场上？除了期货，您还有其他的投资吗？

周伟：呵呵，**我可能是你见过的最疯狂的期货交易员，除了房子，我全部的个人资产都投在期货市场上。我觉得资金放在自己的交易账户里，每天看着是最安全的**，当然我肯定不会把这些钱全部去冒险。**我现在把自有资金按照好几个不同的交易策略，不同的风险/报酬结构分别投入在不同的期货交易账户上。**相对来说激进一点的账户，预期的投资回报率要高于其他几个账户，当然资金回撤率也要大一点。最保守的账户，我肯定是使用负杠杆，要求它单笔亏损率控制在0.1%之内，去年一年使用下来，收益率也还不错，我比较满意。

当然我不希望大家学我这样把个人资产全投入在期货市场上，除非你有一套正期望值的交易系统，对自己的执行能力有信心，并且能有办法将单笔亏损率控制在0.1%之内。

问题22：您曾说过， 理查德·丹尼斯在和其好友威廉·埃克哈特的那场赌局中不是赢家，但一般人都认为海龟们的巨大成功充分说明了理查德·丹尼斯的胜利，您能不能给我们解释一下您对这个赌局的个人理解？

周伟：优秀的期货交易员究竟是天生的还是可以后天培养的呢？

28年前理查德·丹尼斯和其好友威廉·埃克哈特的赌局变成了一个传奇性的期货实验。其实这个赌局一开始丹尼斯就已经把自己放在一个不胜的地步了，为什么要从上千名应聘者中挑选了13个作为培训对象而不是从芝加哥的任何一个大街小巷上去拉13个人来培训呢?

在看到了部分海龟的成功表现之后，有人会觉得丹尼斯打赢了这个赌，可连最成功的海龟柯蒂斯·费思也认为这场赌局应该以平局收场。除了那些富甲一方表现出色的海龟，毕竟还是有近一半的海龟带着失败的记录离开了这个计划。“他们经历了相同的培训，但或许他们并没有相同的情感素质，”威廉·埃克哈特的话也许是这场赌局的最好注释。

关于这场赌局，我也认为双方应该是打平的。对于理查德·丹尼斯来说，他可以把一个普通的期货交易员培养成一个优秀的期货交易员，但他不可能把所有普通的期货交易员都培养成优秀的期货交易员!

问题23： 据说您交易以外最大的爱好是打麻将，请问您打麻将的水平如何？有没有经常赢钱？另外，还听说您喜欢看的电视节目是“非诚勿扰”，这个节目最吸引您的地方是什么？

周伟： 呵呵，消息真是灵通，连这都知道，快赶上美国中央情报局了。

不过**麻将不是我的最大爱好**，如果人数能凑得够，有时间的话会来几圈，**我最大的爱好是打台球**，不过水平倒是很一般。

我太太小我几岁，我一直感觉和她有点代沟，可能也是长期以来我一直和期货交易打交道，和有关人群交流得少。当初也是听了一个朋友的建议去收看“非诚勿扰”的，想多了解一下现在那些“80后”女生整天都在想些什么，以促进家庭和谐吧，呵呵。

问题24： 您以后会不会叫您的孩子继续您的期货交易事业?

周伟：应该不会了。**期货交易这一行淘汰率太高了，要成功太难了，要吃很多苦的，我不希望我的孩子吃这么多苦**，只希望他能好好念书，掌握一门谋生技术，能在社会上立足就可以了。

问题25：据说和前几年相比，您在交易上“胆子越来越小了”，是不是这样的？为什么？

周伟：**小资金追求暴利，大资金讲究稳定**。

我以前几万资金的时候也重仓做单的，那时候本金小，如果只有百分之几十的收益率的话，恐怕维持自己的生计也不够。现在**资金量大了，慢慢地要从追求相对收益率转变为绝对收益额**，这也是一种趋势吧。我那个比赛账户大家都看到了，50%~60%资金使用率对我来说基本上已经算是满仓了。

问题26：您在交易中严格控制风险，在生活中是否也是如此，不去做冒险的行为？

周伟：生活中冒险的事情确实不大去做，**朋友们都知道我从不坐飞机的，因为坐飞机无法止损，我不喜欢做没法止损的事情**，呵呵。

问题27：哪几个品种是您的重点交易品种？在哪几个品种您获利最多？您有没有个人比较偏爱的品种？

周伟：**我对所有交易的品种都是同等对待的，没有重点不重点之分**，这几年交易下来，橡胶、白糖、螺纹钢、棉花、塑料和PTA这些品种上获利比较多一点。

至于说到偏爱的品种，我个人对当年的郑州绿豆、海南橡胶和现在的上海橡胶一直比较有好感。但作为一个系统交易者是不能对交易对象有感情的。

问题28：请问您平时主要看哪些方面的书？请您向投资者推荐

几本？

周伟：如果你是刚入行的**新手**，我推荐你去看**约翰·墨菲的《期货市场技术分析》**；如果你是有交易经验的**老手**，我建议去看**阿尔佩西·帕特尔的《全球顶尖交易员的成功实践和心路历程》**；如果你想成为一个**系统交易员，波涛的那几本书**是要必看的。

问题29：做期货这么多年来，您认为期货投资人的盈亏比例大约是多少？

周伟：这要看周期的，时间越短比例越高。**如果以10年或10年以上来看，我觉得期货人盈利比例在0.1%左右**，这市场确实比较残酷。

问题30：您做期货交易是为了什么？是一种兴趣？是一份工作？是为了赚钱？还是为了其他什么原因？期货会不会是您一生的事业？

周伟：记得一开始做期货是想把自己股票市场上亏损的钱赚回来，现在对期货是越来越“上瘾”了，已经把它当成自己的一份工作了，**每天早上从家里走到交易室的十几分钟是我一天之中最开心、最期待的**。而一到周五晚上或放长假，就会觉得特无聊空虚。**我想期货是要做一辈子的了**。

时强：交易是处理理想和现实差距的艺术

（2011年6月7日　沈良整理）

时 强：网络昵称“凌波微步”。

“蓝海密剑”2010~2011期货实盘大赛第一赛季冠军（收益率903%）。东北人，现居上海。期货交易经验八九年，也做过股票、期权、外汇等，善用波段操作把握趋势行情。

访谈精彩语录：

对投资唯一有帮助的经历就是投资本身的经历。

用期货市场趋势交易做抽水泵，用股票市场价值投资做蓄水池，是我一贯的投资理念。

眼睛看着几个月级别的趋势，手里操作着几个星期级别的趋势，过滤掉那些日内的波动。

用多笔交易波段式操作把握一个完整的大级别趋势。

对整体走势的研判，侧重基本面多一些，对进、出场交易时机的把握，基本上运用技术手段。

市场在不同阶段有不同的主导因素。所谓提领而顿，百毛皆顺。

一个永远用基本面看待、分析市场的人，说明他基本面分析水平有限。

专注于市场现在实际所发生的状况，而不是把信心和金钱压在一个分析、一种看法或者一个认为市场应该怎么表现的信念上。

交易就是处理理想和现实之间差距的艺术。

操作趋势强烈的行情，尽量回避确定性不高的交易和震荡行情。

我有时也不能清醒地认识行情和自身，会犯一些早已知道的交易规则上的错误。

以前我给自己定规矩，盘中临时起意的单子不做。我现在反而不觉得盘前、盘后、盘中有什么大的差异。

对一个趋势交易者来说，研究分析的功课比盘中的灵活应变更重要。

操作上，一般是集中选择强势品种操作，最多的时候不超过3

个。

大亏的原因主要有两个：①无知；②不知道自己无知。

要保持思维的两面性，做多的时候要对做空的理由如数家珍，反之亦然。

在交易上进步，最重要的方式就是自我内省。

交易的道路上，自己是自己唯一的导师。

提醒自己在每天考虑眼前这品种还能上或者下几百个点的同时，别忘了想想今年的历史性行情在哪里，别忘了大局观这三个字。

有哪样的行情才有哪样的收益。

好像这个成绩因为我自己能做到，就忘记了这是天给的，其实这是靠行情吃饭的行业。

我的日常账户就是我的比赛账户，也没有比赛争上游的念头，该怎么做就怎么做。

热爱这个行业的人，容易成功；有自我反省习惯的人，容易成功；性格坚韧而心胸豁达的人，容易成功。

我总是跟我周围的人建议，多教孩子学些文言文，看看《古文观止》。中国几千年来文化传承的根，不能断。

现在基本上大家是运用着西方的那套思维方式产生的交易模式在操作。

我非常期待能有人用东方的思维模式在投资界大放异彩。

问题1：时强老师您好，感谢您在百忙之中接受期货中国网和东航金融的联合专访。期货不是您工作的全部，除了期货，您还在做哪些方面的工作？

时强：我在一家投资公司工作已经10年出头，是在证券部操盘。所以还不是完全的自由交易者，因为目前没有必要。

问题2：做期货之前，您是做财务的，财务工作的经历对您的期货交易、金融投资有没有帮助？

时强：帮助不大。**对投资唯一有帮助的经历就是投资本身的经历**。

问题3：除了期货，您还做过股票、期权和外汇，您觉得对投资者而言，期货、股票、期权、外汇之间核心不同点是什么？对您来说，哪个最有吸引力？

时强：打比方，我切白菜用菜刀，土豆丝就用刨子。每种交易工具有其自身的特性，并不仅仅是风险报酬比的不同。了解这些工具的特性才能根据眼前要操作的行情来选择更适当的交易方式。

股票适合价值投资形式，期货的风险度相对高，所以对交易的策略层面要求高一些。**期权的优势在于时间**。比如在一个阶段性震荡但是整体上看多趋势相对明确的市场，如果发生直接向上突破，我就会选择期货操作。因为简单直接，而这时候期权费会高，降低了期权的回报率；如果发生意料之外的剧烈回调，就适宜选择期权，因为期权费会更便宜从而提高了回报率，同时用时间来回避在短期级别上逆势带来的风险。另外，股票和股指，期货和期权结合起来有很多类型的组合交易策略可供选择。

你说的这四个市场我都有过操作，对我个人投资而言，**用期货市场趋势交易做抽水泵，用股票市场价值投资做蓄水池，是我一贯的投资理念**。

问题4：您现在股票还在做吗？能否透露您主要在操作哪几只股票？

时强：目前主要配置是估值低的金融地产，和个人2011年看好的能源板块。同时，看好目前的B股市场的投资价值，因为估值相对便宜。

问题5：期货交易您主要做波段操作，您抓取的波段是一两天，三五天，一两个星期，还是更长？

时强：眼睛看着几个月级别的趋势，手里操作着几个星期级别的趋势，过滤掉那些日内的波动。基本上是**用多笔交易波段式操作把握一个完整的大级别趋势**的路数吧。

问题6：您在进、出场交易时会参考基本面和技术面，您会主要关注哪些基本面信息？

时强：对整体走势的研判，侧重基本面多一些；对进、出场交易时机的把握，基本上运用技术手段。我的理念是把影响市场的因素分为基本面、资金、市场心理、相关市场等等7个方面。**认为市场在不同阶段有不同的主导因素**。**所谓提领而顿，百毛皆顺**。努力前瞻性地把握市场的主导因素，我认为这是趋势研判的关键。我说过，**一个永远用基本面看待、分析市场的人，说明他基本面分析水平有限**。

问题7：如果技术面显示的强弱和您对基本面判断的趋势不呼应，您会如何应对？

时强：市场实际表现最重要。**专注于市场现在实际所发生的状况，而不是把信心和金钱压在一个分析、一种看法或者一个认为市场应该怎么表现的信念上**。我一个朋友经常说，**交易就是处理理想和现实之间差距的艺术**。我认为非常正确。

因为我最近刚刚又吃过这个亏。

问题8：您是一个有自己的一套体系的主观交易者，您的这套体系的核心特征是什么？如果要您给这套体系取个名字，您会如何命名？

时强：主要方式还是操作趋势强烈的行情，尽量回避确定性不高的交易和震荡行情。问题在于**我有时也不能清醒地认识行情和自身，会犯一些早已知道的交易规则上的错误**。从来没有想过命名的问题，因为不觉得有什么独特之处。

问题9：您的这套体系有没有可能变成客观系统？或者说，您有没有想过化繁为简，开发符合自己理念的程序化交易系统？

时强：我也很注重交易的客观性，也用一些简化的进、出场规则，主要目的还是为了规范自己，平衡自己。**我始终认为交易是需要思考的，把结果完全交给一套固定的机械化的程序，在这个千变万化的市场上以不变应万变，这不是我认可的方式**。对于程序化的交易方式，我认为很好，吸收借鉴吧，但是可能不适合我。

问题10：您的操作计划是不是盘前提前分析好的？您盘中会不会根据行情变化情况做一些灵活决策或适当调整？

时强：以前我给自己定规矩，盘中临时起意的单子不做。因为容易冲动，受到盘面影响，吃了很多亏，所以给自己立了这个规矩。**我现在反而不觉得盘前、盘后、盘中有什么大的差异**，市场总体格局和演化可能总是在心里反复考虑，应对市场盘中的变化做出反应也是正常自然的。

问题11：您觉得对主观交易者来说，盘前的研究分析和盘中的灵活应变，哪个更重要？

时强：对一个趋势交易者来说，研究分析的功课比盘中的灵活应变更重要。因为我想所有的成功都离不开细心踏实的准备工作，事无预不立。盘中的随机应变往往可以有神来之笔，这个交易做完之后回过头来看好像很开心，因为正确，而且英明神武，但是其实这对利润的影响只是很小部分。绝大部分利润还是来自于踏踏实实的准备和功课。当然我这是站在趋势交易者角度而言，对于日内交易者这情况自然就不同了。

问题12：您一般日常关注几个品种，具体操作的时候一般同时操作几个品种？

时强：如果说了解的话，股票有2000多只，期货品种来来回回就这么20出头的品种，所以不存在精力不够的问题。我认为应该对所有的品种都做细致的功课，起码基本知识要了解。我很多朋友做期货很多年，但是对一些品种的基本常识都不知道。

我一般只关注一个板块内的主流品种，大概六七个，铜、胶、豆油、白糖等等。

操作上，一般是集中选择强势品种操作，最多的时候不超过3个。

问题13：您如何选择关注的品种和操作的品种？有没有相应的选择标准？

时强：凡事都需要基础。一个趋势的基础是什么，每个人应该根据自己对这个答案的认识来确定选择标准。我自己主要从3个角度来选择：①以大级别的形态结构中做基础展开的趋势；②资金流入明显，成交活跃；③看盘面细节，先涨先跌，率先突破等等。

问题14：股指期货您参与得多不多？和商品期货相比，您觉得哪一个更容易获得盈利？

时强： 一直有参与。金融期货和商品期货，在分析上和品种实际走势的特性上肯定是有些内在的差异。但是**从操作的角度来看，我认为无差别**。前提是对要交易的品种都付出了精力，认真观察学习过。

问题15：期货市场很多高手都是付了昂贵的学费成长起来的，或者是栽了几个跟头后爬起来继续前行的，您有没有过大亏的经历？就您现在分析来看，当时大亏的主要原因是什么？

时强：这个当然有，而且必须有，呵呵。**大亏的原因主要有两个：①无知；②不知道自己无知**。

问题16：您后来是如何走出亏损的阴影，重新振作，并走向盈利的？

时强：亏损是交易的常态。以后我也会遇到一系列的或更多的亏损。这不是什么问题。**习惯了亏损，自然就没有啥不适应或者阴影了**。主要是靠坚持，因为没办法，既然选择了这行，那总要继续下去吧。

问题17：您曾说过“最终决定成败的，还是谋略、策略，以及你对行情的审时度势、判断。”这里的谋略和策略指的是什么？怎样的谋略和策略比较容易达成成功的结果？

时强：我主要是指交易中的武器决定论。经常会遇到很多问题，诸如用什么指标？哪种交易方式比较好？用什么样的方式来控制风险和资金回撤？但是这些问题其实没有答案的，只能说能“自适”的就是好的。但是很多交易的规则上和交易策略层面上，我觉得共性的东西就多一些，而且交易的历程越长，对于成败的主导就越重要。我所指的策略偏重于操作层面，比如对于趋势交易者来说如何握仓很重要。首先，怎么能握住；其次，又不握僵化掉，能看到危险做出反应，而不是像遍及中国股市那些伪价值投资者一样，根本就是傻握了，看到危险都麻木不仁了。策略要和交易方式相适应。

问题18：您认为“思维的连贯性和完备性，对于交易，尤其对于投资人生是非常重要的。”请问如何理解“思维的连贯性和完备性”？

时强：前面聊过交易离不开思考，而每个人的思维方式不同，我觉得这个要站在自身的角度去不断完善，因为自己总是有缺点的，总是有思维死角的。比如说思维要有前瞻性，在一波暴跌行情之前，我预判到了，但是我认为这波调整是机会，准备跌下去进场，而我对逆势操作很有心理压力，于是做了个工作，拿出张纸把自己看多的各种理由考虑写下来，把后市演化可能的恐慌情形预先推演，这样就尽量避免到时候盘面恐慌带动自己而动摇判断。**要保持思维的两面性，做多的时候要对做空的理由如数家珍，反之亦然**。穿过市场表象去抓住背后的主导因素这也是个思维方式的问题。思考问题要有独立性，因为这个市场太庞杂，信息太多了，而人是很容易不自信而相信别人的。不断地在交易实践中提高自己的思维深度，才能在交易的道路上走得足够远。当然这是我的认识，实际上我自己也没有完全做到。不断进步吧，呵呵。

问题19：“对于交易规则和交易体系的理解，我认为只有两种方式，一种是学习，另一种是反省。”请问应学习哪些内容？反省哪些方面？

时强：在交易上进步，最重要的方式就是自我内省，把自己的交易记录拿出来，一笔笔看看自己为什么亏，为什么赢，什么地方做好了，什么地方犯了什么错误，什么地方可以有提高。**交易的道路上，自己是自己唯一的导师**，正视自我很难。

问题20：您曾说过“根据我的交易经验发现，即使所谓历史性的行情，每年都在发生。”为什么说历史性的行情每年都在发生？

时强： 我的经验如此。我只是想强调个大局观的问题。2005~2006年铜超越30年高点到8000美元；2007年大豆的牛市展开了，新历史纪录改写到1600美分；2008年原油，35美元叫卖的人没法想象到147美元这个价，2008年熊市来了我理解，没想到百年一遇的金融危机我赶上了，2009~2010年全球救市行情反弹，我是早一步看得比市场上当时都高的，但是居然铜超出牛市高点能上万，棉花能疯狂到这个地步，我也是下巴掉下来的。股票站在1000点的想象不到6000点的风光，站在6000点的也无法想象1600点的惨痛。**细数过往的目的，是为了提醒自己在每天考虑眼前这品种还能上或者下几百个点的同时，别忘了想想今年的历史性行情在哪里，别忘了大局观这三个字**。

问题21： 您在参加东航金融“蓝海密剑”期货实盘大赛中用的是“凌波微步”的昵称，请问“凌波微步”有哪些含义？

时强： 8年前的网名，沿用至今，起名的时候也是随手偶拾而已。

问题22： 您是“蓝海密剑”2010~2011期货实盘大赛第一赛季的第一名，3个月收益率高达903%，您觉得当时您取得好成绩的主要原因是什么？

时强：有哪样的行情才有哪样的收益，所以这主要是时运问题。

前些年不成熟的时候，总是在赚了钱就想如果保持这个收益如何如何，所谓稳定盈利那套想法，忘记了成事总要天时地利，**好像这个成绩因为我自己能做到，就忘记了这是天给的，其实这是靠行情吃饭的行业**。所以结果自然可以想见。

问题23： 我们发现，比赛半年多来，您参赛账户的最高净值为

12.794，近期回撤一些。总体来说您的资金曲线比较平滑，没有太大的回撤，请问您是如何控制资金曲线的？

时强：没有特别的方式方法，**就是仓位和止损这两者以外再加上一些放弃，有些机会有些钱不去赚**。

问题24：某些高手比赛和日常操作完全不同，您的比赛账户和日常账户的操作的差别大吗？

时强：没有这个分别。**我的日常账户就是我的比赛账户，也没有比赛争上游的念头，该怎么做就怎么做**。

问题25：您是东航金融种子基金的操盘手之一，种子基金由多个优秀操盘手分工操作，您觉得这种多人操作的模式有哪些方面的优劣点？

时强：这和买股票建立投资组合是一样的，**可以把种子基金的经理视同一只股票**。**于是你怎么选择股票的方式就是选择基金经理**，可以选择稳健的也可以选成长性好的。具体什么类型的股票，可以根据风险偏好选择配置多少资源。

从这个角度上，**我是很认同这种多人操作模式的**，因为构建投资组合本来就是全球基金业的主流模式。

问题26：您是东北人，在上海生活几年了？您感觉自己身上东北人的性格特征还多吗？

时强：呵呵，1994年来上海的，17年了，感觉很融入这个城市，

问题27：从做期货的角度来说，您觉得东北人的个性更容易成功还是上海人的个性更容易成功？

时强：期货成功与否不受这些影响，所以也就无所谓比较。好比前面您问我财务工作经历有影响吗，或者很多公司选择操盘手的

时候问对数字敏感吗等等的问题，其实都没意义。从投资来说，**热爱这个行业的人，容易成功；有自我反省习惯的人，容易成功；性格坚韧而心胸豁达的人，容易成功**。

问题28：据说您“醉心”于传统文化，“醉”到什么程度？传统文化主要分为儒、释、道，您主要研究参悟哪个方面？

时强：这个方面从小学五年级开始就喜欢，佛家喜欢，道家也喜欢；周易喜欢，四书五经也喜欢。而喜欢的理由，就是喜欢。呵呵。

我觉得现在学校里，中国的大学很多教的东西和内容还停留在20年前，而学的好多课程更是考完之后就毕生再也不会用了。这是教育的问题，改变不了。但是**我总是跟我周围的人建议，多教孩子学些文言文，看看《古文观止》。中国几千年来文化传承的根，不能断**。

拿交易来说，**现在基本上大家是运用着西方的那套思维方式产生的交易模式在操作**，当然也不错。但**我非常期待能有人用东方的思维模式在投资界大放异彩**。我指的是有深度、有浸润，在传统文化和交易实践两方面都能厚积薄发的人。而不是现在市面上那些把周易搬出来画虎成狗的人。

问题29：您所醉心的传统文化，对您的日常生活、对您的交易有哪些方面的帮助？

时强：让我不仅仅理解“交易”这两个字，更能理解“交易人生”这4个字。

问题30：您最近的QQ签名是“厚德载物，自强不息”，您如何理解这8个字？

时强：语出周易乾坤两卦的大象传，是我自己的人生座右铭吧，也以此与您和所有看到这个访谈的朋友们，共勉。

高凤国：个人的思维永远赶不上行情的变化

（2011年6月9日　沈良整理）

高凤国： 甘肃兰州人，从事建筑装修业，兼职做期货，期货交易3年多。擅长日内短线交易，也做一些隔夜交易。自我评价是个急性子，主要凭感觉交易。“潜龙出渊”2008~2009期货实盘大赛A组第一名。

访谈精彩语录：

我做期货交易主要以短线为主，偶尔也做隔夜,这的确与我的性格有关系，也与我做期货时间短有关系。

我和大多数新手一样，有点单子恐惧症,没有让盈利的单子多飞一会儿。

我大亏的原因主要有3点：一是方向判断错了没有及时斩仓；二是当天的行情很大，大跌或大涨，不敢再追，就做当天逆势的品种；三是过夜仓。

股票投资和期货投资虽然有相似的地方，但区别还是很大的。股票是投资，期货是投机。

我做股票也是短线风格，短的也就一天，正常也就两三天。

期货交易需要思维连续性,每天都得盯盘、分析、研究。

本人还是比较喜欢金融投资行业，能体现出自我投资价值。

日内短线交易是越来越难做了，我现在也是观察为主。

我想我的转型之路不会很顺利，因为已经习惯了日内交易。一旦形成习惯，改变起来会很难。尤其是我喜欢满仓操作，这对隔夜来说是致命的。

个人的思维永远赶不上瞬间行情波动的变化。

种种经历练就了自己的交易风格，自认为感觉对了就满仓杀入，判断错了就斩仓出局,决不敢拖泥带水。

不太擅长隔夜单，账户隔夜收益总体来说是亏损的。

我确实没有明确的交易系统，但凭感觉进、出场还是要靠一定技术的。

每个人心中都有他的交易模式，我的交易模式就是纵观全局，甄别个别，分析价格、成交量、持仓量的变化做小突破。

以前做的时候老不服输，吃了不少亏，现在好多了，懂得了放弃、休息。

“盘感”是可以培养的，但不可能复制。

天赋谈不上，我酷爱金融投资行业。

我把国内期货所有主力合约都放在一个自选板块上，几乎所有品种我都关注，一目了然。不看价格，只看涨跌幅。感觉哪只最活跃就做哪只，满仓介入全身进退。

股指期货日内盈利的难度要比商品期货难得多，我觉得股指期货比较适合于做中长线。

通过参加东航金融举办的“潜龙出渊”、“蓝海密剑”等大赛活动，使我结识了不少期货界的精英朋友。

我觉得对普通投资者来说，做波段更容易掌握，仓位轻一点，控制在30%~50%，这样做压力小，更容易成功。

阶段性盈利我相信，市场总有一段时间适合某种交易模式，只要抓住了就会盈利。而稳定盈利只是希望，都会有这种愿望，但很难实现。

问题1：高凤国先生您好，感谢您在百忙之中接受期货中国网和东航金融的联合专访。您的期货交易以短线为主，这和您的急性子是否相关？您觉得一个人的性格是否决定了他最适合的交易风格？

高凤国：首先谢谢期货中国网、谢谢东航金融给我提供了这次和大家交流的机会。说实话，我做期货的时间不太长，能够在这里和大家一起交流，本人深感荣幸。我将我做期货的一些理解、一些经验在这里和大家一起共同学习，共同探讨。

我做期货交易主要以短线为主，偶尔也做隔夜，这的确与我的

性格有关系，也与我做期货时间短有关系。我和大多数新手一样，有点单子恐惧症，没有让盈利的单子多飞一会儿——当然，逃命的速度也比较快。

问题2：您做期货的3年多时间里，有没有经历过较大的失败？您觉得大亏的主要原因是什么？

高凤国：有，经历过好多次较大的失败。**我大亏的原因主要有3点:一是方向判断错了没有及时斩仓，**总以为会回来的，结果大亏出局；**二是当天的行情很大，大跌或大涨，不敢再追，就做当天逆势的品种，**做反转，结果来了个急补跌(涨)，造成大亏出局；**三是过夜仓**。我国的期货市场我觉得是影子市场，没有话语权，当天市场的形势不管是基本面还是技术面看起来都是一片大好，就按当天的方向拿单过夜了。可是有时真的天有不测风云，当晚外盘向我的反方向发展，第二天国内盘大幅跳空开盘，我只好斩仓出局了。这就说明了一个问题，在外过夜风险是很大的。

问题3：您从1994年就开始做股票了，现在还在做，经历了这么多年股市的洗礼，您对股票投资的最大心得体会是什么？

高凤国：股票投资和期货投资虽然有相似的地方，但区别还是很大的。股票是投资，期货是投机。股票投资还是要看整个国家的经济形势和发展方向。虽然说整个国家的经济形势向好，理论上讲只要不拿垃圾股，长线投资肯定会赚钱。但是，国家每年都会根据国际、国内的经济形势，如通货膨胀、能源紧缺等等制定一些政策，这就造就了股市的牛市和熊市，高峰和低谷。**我的观点就是一定要顺势而为，多看少动，等待机会**。就像现在的股市一样，我感觉没有大的机会，牛皮整理或下跌的概率大于上涨的概率，也就是说赔钱的机会大于赚钱的机会。在这时候可以适当地拿点资金做做短线、抢抢反弹、抓抓热点，快进快出，等待机会。一旦政策风向转好，大家都动起来了再跟进也不迟。

问题4：股票是没法做日内短线的，那么您做股票一般是怎样的风格？一只股票一般会持有多长时间？

高凤国：我做股票也是短线风格，短的也就一天，正常也就两三天，如果被套的话，偶尔也会长一点。2010年10~11月行情最火的时候， 我几乎天天都做，追逐热点。后来行情不好了，也就慢慢不做了。

问题5：您的主业是做建筑装修的，期货和股票只是兼职做做，因为您做期货是偏短线的，而短线交易有盯盘的要求和随机应变的要求，会不会因为交易时间和工作时间的冲突而影响您的交易成绩？

高凤国：会的。**期货交易需要思维连续性，每天都得盯盘、分析、研究**。

问题6：反过来，期货交易占用了较多时间后，会不会影响您主业的经营？

高凤国：也会的，**有时候的确是顾此失彼**。

问题7：您有没有考虑过全职做期货投资？或者全身心做主业经营，放弃期货交易？

高凤国：我也知道，**鱼与熊掌不能兼得，二选其一，的确很难**。但就目前情况来看，我公司正在投资一个新的项目，非常忙，我打算忙过这阵子，把公司的事情捋顺后，交给下面的经理去主管。大概在10月份后抽出时间来，专门从事期货、股票投资。**本人还是比较喜欢金融投资行业，能体现出自我投资价值，**也是今后发展的趋势。

问题8：2010年11月以来，随着期货保证金的上调，特别是手续费的大幅上升，日内短线交易的空间越来越小了，据说您现在也是观察为主，单子少做了。您没有考虑过换一种交易方法，比如做几天的波段或更长的周期？

高凤国：是的，**日内短线交易是越来越难做了，我现在也是观察为主，偶尔也拿小单子尝试着做几天的小波段**。

问题9：如果说您现在正处在交易的转型期，那么您觉得您的转型之路会顺利吗？您大概要用多长时间完成转型？

高凤国：我想我的转型之路不会很顺利，因为已经习惯了日内交易。**一旦形成习惯，改变起来会很难**。**尤其是我喜欢满仓操作，这对隔夜来说是致命的**。

问题10：市场规则、市场环境发生变化之后，行情波动也会发生相应的变化，您觉得行情波动节奏的变化是否会导致某些曾经盈利较好的盈利模式失效？如何才能适应行情波动节奏的变化？

高凤国：会影响的，尤其是日内交易，突发事件影响大，不好修正。我觉得**如果曾经盈利较好的盈利模式某天突然失效后，暂时先观察观察，不要乱动，因为个人的思维永远赶不上瞬间行情波动的变化，没必要适应它，以静制动**。但如果盈利模式一直失效的话，那就是盈利模式出问题了，那就需要重新制订交易计划了。

问题11：您以前做日内短线交易时，会用日内加仓的模式交易，请问一笔单子进场后符合怎样的条件您会加仓？日内交易您会满仓吗？

高凤国：日内短线交易我很少用日内加仓的模式交易，几乎都是满仓进出。这可能与我的性格和经历有关系吧。我以前是当兵出身，部队转业后就到了国税局工作，也不太喜欢那种朝九晚五的生活方式，自己就边工作边创业，同时也做做股票、炒炒权证，寻找自己的梦想，以致发展到现在做期货。通过以上的**种种经历，也就练就了自己的交易风格，自认为感觉对了就满仓杀入，判断错了就斩仓出局，决不敢拖泥带水**。

问题12：另外，您也会做一些隔夜交易，当一笔单子符合什么条件时，您会考虑留到下一天再处理，而不是当天平掉？

高凤国：隔夜交易这个问题我在第二个问题中也简单地回答过，在当天市场的形势不管是基本面还是技术面看起来都是一片大好，**几乎国内所有品种都是向同一个方向发展，外盘也比较配合，就选择一个持仓量、成交量、涨跌幅等增幅较大的品种，按当天的方向拿单过夜了**。

问题13：您擅长做隔夜单吗？隔夜单给您的账户带来的是正收益还是负收益？

高凤国：不太擅长隔夜单，账户隔夜收益总体来说是亏损的。

问题14：您做日内短线主要是通过看哪些类型的技术指标或图形进行下单的？

高凤国：我做日内看盘、下单其实是很简单的，就用一台电脑，首先设置一个自选板块，将外盘美元指数、原油、伦铜、美豆、日胶等和国内期货所有主力合约放在一个自选板块。早上8点正式上班，首先看一看国内几个网站，如新浪、和讯、东航、期货中国网等网站的财经资讯和分析，看看有没有对期货有重大影响的新闻和事件。尔后看一看外盘头天晚上的走势，判断国内今天如何开盘，比预期的高开怎么办，低开怎么办，总体上有个大致的思路。集合竞价出来后，首先将国内主力合约看一遍，因为国内所有主力合约在一个自选板块上，看一眼就全看到了，不看价格，只看涨跌幅。根据开盘情况，心中制订交易计划，定调当天该做多或做空的思路。**通常在两种情况下可以做多，在两种情况下可以做空。**

一种可以做多情况是:如果开盘后满盘皆红，又是上涨的初期阶段，那么就定调为今天做多，做多时只对涨幅大的品种进行研究，它为什么比别的品种涨幅大，只要它价格涨、成交量增加、持仓量增加就坚决看多。因为价格涨、持仓量增加，那是主力用真金白银买的，不是平仓盘。只要持仓量没减，主力就没出货，就可以拿一拿。感觉涨不动了、不涨或跌了就把它平了；**另一种可以做多情况是:已经下跌了好几天了，满盘大多数是绿的，只有个别是红的，**感觉跌不动了，那么就定调为做多，只研究最强的，如果受大势的拖累，判断错了就立马斩仓走人，决不恋战。

下面再说一下两种做空的情况。**一种可以做空情况是:如果开盘后满盘皆绿，又是下跌的初期阶段，那么就定调为今天做空，同样只研究跌幅最大的品种，**只要它价格跌、成交量增加、尤其是持仓量增加，就坚决看空。因为价格跌、持仓量增加，那也是主力用真金白银砸盘的，只要持仓量没下降，主力就没出货，同样也可以拿一拿。感觉跌不动了、不跌或涨了就把它平了；**另一种可以做空情况是:已经上涨了好几天了，满盘大多数是红的，有个别的已经翻绿，**感觉涨不动了，那么就定调为今天做空。同样做空时只研究最弱的，如果大市还强，判断错了也得立马斩仓走人，不能恋战。

以上说的四种做多、做空的情况，只是大多数时候的判断，盘面随时随地都在变化，不能死搬硬套，根据盘中瞬息万变的情况，随时都在调整思路，做好了应对策略，以不变应万变。

问题15：据说您没有明确的交易系统，主要是凭感觉进、出场的，那么会不会出现感觉好的时候，怎么做都赚钱，而感觉不好的时候怎么做都亏钱的状况？

高凤国：是的，**我确实没有明确的交易系统，但凭感觉进、出场还是要靠一定技术的。每个人心中都有他的交易模式，我的交易模式就是纵观全局，甄别个别，分析价格、成交量、持仓量的变化做小突破，**如果今天行情按着我的判断来发展，那么怎么做都赚钱。如果今天是牛皮整理行情，没有突破，来回介入、止损平仓，介入、止损平仓，那么就会怎么做都亏钱。**以前做的时候老不服输，吃了不少亏，现在好多了，懂得了放弃、休息。**

问题16：您觉得交易的感觉，即“盘感”，是可以培养、可以复制的东西吗？

高凤国：“盘感”是可以培养的，但不可能复制。

问题17：您做期货的时间其实不算太长，您在交易上的感觉是怎么练就的？您是否有这方面的天赋？

高凤国：天赋谈不上，我酷爱金融投资行业。交易上的感觉可能与我以前做股票、权证有关吧，以前的权证，尤其是沽权要比现在的期货凶悍得多了。

问题18：我们一般认为做短线交易需要专注做少数几个品种，您是否也是如此？您一般同时关注几个品种？操作几个品种？

高凤国：我把国内期货所有主力合约都放在一个自选板块上，几乎所有品种我都关注，一目了然。不看价格，只看涨跌幅。感觉哪只最活跃就做哪只，满仓介入全身进退。

问题19：股指期货上市初期，您就参与了，就您自身参与的感受来看，股指期货日内波动和商品期货相比，最大的区别是什么？股指期货日内盈利的难度和商品期货相比是更高还是更低？

高凤国：股指期货日内波动和商品期货相比，最大的区别就在于商品期货与外盘紧密相连，开盘很难把握，但盘中波动还是有一定规律的。股指期货就不同了，它是领先于大盘的，有时波动很诡异，有时一步到位，很难把握。**股指期货日内盈利的难度要比商品期货难得多，我觉得股指期货比较适合于做中长线**。

问题20：您是“潜龙出渊”2008~2009大赛和“蓝海密剑”2009~2010大赛成交量最大的选手，您喜欢不停地交易，对您来说交易状态是不是一种享受？

高凤国：那倒不是。因为当时的保证金，手续费都比较低，我又是一个新手，一直在寻找着适合自己的交易方法，所以成交量就大一些。

问题21：您是兰州人，在您的周边做期货的人多不多？在兰州有没有一个高手之间互相沟通学习的氛围？

高凤国：我们兰州虽然地处黄河两岸，非常美丽，这几年发展得也快，但在金融投资方面我觉得才刚刚起步，和沿海城市相比还有一定差距，尤其是身边做期货的朋友也比较少。不过**通过参加东航金融举办的“潜龙出渊”、“蓝海密剑”等大赛活动，使我结识了不少期货界的精英朋友**，像长空无剑、大茶壶他们在期货界浸淫了将近20年，对市场的观察判断敏锐程度无以伦比。更难能可贵的是他们都能够和朋友们在一起开诚布公的交流学习，经常相互沟通，使我受益匪浅。

问题22：您觉得对普通投资者来说，日内短线、波段、中长线这3种交易模式哪一种更容易掌握？

高凤国：我觉得对普通投资者来说，做波段更容易掌握，仓位轻一点，控制在30%~50%，这样做压力小，更容易成功。

问题23：最后，就您自身在期货市场的参与感受而言，您觉得

“稳定盈利”是一种可能还是一个幻想?

高凤国：阶段性盈利我相信，市场总有一段时间适合某种交易模式，只要抓住了就会盈利。而稳定盈利只是希望，都会有这种愿望，但很难实现。

朱婷婷：期货交易是我喜欢的事

（2011年6月15日　沈良整理）

朱婷婷：“蓝海密剑”2009~2010期货实盘大赛预备役第一名（收益率675%）。

郑州人，大学时代开始投资股票，股市从900点上涨到6000点的行情，将5万元做到了100万，2008年因遭遇金融海啸，股票资产缩水至40万。2007年正式涉足期货市场，投资风格以中级趋势背景下的1~3个交易日波段交易为主。

访谈精彩语录：

投机并不是生活的全部，还有很多值得我们去感受和思考的东西。

中国的股票市场是个“价值投机”盛行的周期性市场。

就规则的公平性而言，期货市场更好做一些。

一般来说，做单向投机的话，在中级趋势里顺势交易是最容易盈利的市场策略。

除突破进场外，尽量选择靠近波段的起点或者终点的位置开平仓。

你可以不懂预测，但一定要会识别。

在什么都不懂的时期，听过来人的话是必需的。

震荡行情分小级别的震荡和大级别的震荡，大级别的震荡出现波段交易机会的概率更多一些。

可以用盈利去冒险，但是不会用本金去冒大风险。

我的观点是：止损首先是对付意外情况的，其次才是防范交易错误的扩大。

当意外出现时，所有人都一样，你并不能控制它。但是你可以做到控制交易错误的大小。

少犯交易错误就是要做正确的事情。

要尽心钻研交易技术，要耐心选择交易机会，同样的止损额度，好的交易技术和时机选择得当可以开很大的仓位，但是冒的风险是一样的。从这个角度说，技术分析很有用武之地。

低风险和止损明确是决定一笔单子进场的首要标准。

判断市场是否存在低风险和止损是否明确要进行主观判断，但是判断的背后支撑是量化标准。也就是根据客观条件进行主观判断。

风险较大、止损不好设计，一般情况下会回避，或者用象征性的仓位进行交易。

这种看上去很“罕见”的系统性风险所造成的重大损失称之为黑天鹅事件。

投资组合理论和系统交易的方法对黑天鹅这种小概率事件的认识是不深刻的，无论是分散投资还是使用一致性的交易策略都不能回避黑天鹅。

如果对黑天鹅理解研究深刻，灾难的开始和结束其实可以酝酿很好的机会。

以前和以后，无论是投资中还是生活里，黑天鹅事件是一定会遇见的。

找到成功人士后学习，然后进行模仿和创新，自身在市场中交学费通过在“战争中学会战争”是普通投资者找到“圣杯”的不二法门。

对绝大多数人来说，由于对市场认识的巨大差异，大概并不存在一个固定的、机械不变的所谓“期望值为正的交易策略”，也就是“圣杯”。

市场是千变万化的，但是市场行为背后的人的群体性心理变化是不会有很大变化的，甚至说，很稳定。寻找这种确定性，然后下注。

只有足够信任自己，才能避免交易中的混乱状况，减少心理和操作上的摇摆不定。

书上只是讲理论，自己要总结如何使用。

《短线交易秘诀》这本书不是搞理论的人写的，是实盘比赛冠军写的，比较有参考价值。

我参加大赛的主要原因是希望给自己留个长期的交易记录，至于获得名次实在是意外之事。

参加比赛还是有助于自己提高交易水平的，与时俱进胜过闭门造车。

在交易技术上，差距不大。主要是在交易心理层面差距比较大，那些优秀选手擅赢敢输。

任何一门职业，如果仅仅为了谋生，很难使人快乐。

期货交易是我喜欢的事。

问题1：朱婷婷您好，感谢您在百忙之中接受期货中国网和东航金融的联合专访。您在上大学时就开始做股票投资，而且做到了900点到6000点的行情，把5万做到了100万，后来遇到金融危机，100万又缩水到40万，请问您在股票市场的起落给您最大的感悟是什么？

朱婷婷：投机并不是生活的全部，还有很多值得我们去感受和思考的东西。

问题2：您是在2007年涉足期货市场的，是谁、在什么样的环境下、抱着怎样的目的把您引入期货市场的？

朱婷婷：其实很早就知道期货，后来**一个偶然的机会，去听投资报告会**，遇到一个至今还在做期货套利比较知名的专家，就进来了。

问题3：对您来说，股票投资和期货投资哪个更好做一些？您自己更偏好做哪一个？

朱婷婷：其实都不好做，会在考虑预期收益和风险的情况下，在股票和期货市场里发现机会，然后重点性地进行交易。

中国的股票市场是个“价值投机”盛行的周期性市场，存在系统性机会和结构性机会轮回的特征。不过**就规则的公平性而言，期货市场更好做一些**。

问题4：您在大学毕业后，就直接专职做投资了，您为什么敢于做出这个选择？而不是像其他人一样找一份相对稳定的工作？

朱婷婷：我以为，以职业的精神做投资，经验累积到一定程度，相对于业余投机者是有一些优势的。**发现和识别市场错误的经验和能力越高，投资其实就越稳定**。这些经验不随时间的流逝而贬值，反而在增值，这是我喜欢的。

问题5：您看的是中级趋势，而做的是1~3个交易日的波段，您所选择的“1~3个交易日”会具备哪些特征？一般一波中级趋势，您会来回进出场几次？

朱婷婷：**一般来说，做单向投机的话，在中级趋势里顺势交易是最容易盈利的市场策略**，这样的交易日具有低风险和止损明确的基本特征，无论是调整入场还是突破入场，在人气、盘面、市场数据方面要互相配合。**除突破进场外，尽量选择靠近波段的起点或者终点的位置开平仓**，就这个角度来说，**你可以不懂预测，但一定要会识别**（识别市场格局的可能改变）。

《黄帝内经》中说：“阴阳者，天地之道也。”**一波中级趋势，无论是复杂的还是简单的趋势，固定的会存在价格震荡和价格单边轮流出现的情况，这也许是神秘的价格波动中唯一确定性的事情了**。根据市场的结构，决定进、出场的次数。另外，进行最后一波的交易要十分小心。

问题6：您为什么不直接做中线交易呢？

朱婷婷：在刚进期货市场之初，一位至今我很尊敬的期货老人告诉我做1~3个交易日的波段比较容易获得成功。**在什么都不懂的**

时期，听过来人的话是必需的。随着市场经验的增长，从短线波段过渡到中线交易还是可以适应的。另外，比赛账户要求适度的激进，比较短的交易周期可以使资金的利用效率要高一些。

问题7：震荡行情中可能也会有“1~3个交易日”的波段行情，这类机会您会抓取吗？

朱婷婷：震荡行情分小级别的震荡和大级别的震荡，大级别的震荡出现波段交易机会的概率更多一些，我会根据低风险和止损明确的原则进行交易机会的选择。

问题8：您在交易中讲究“保本第一”的原则，那么在没有利润之前，您的初始止损是怎么设计的？有了利润之后，止损又是怎么设计的？

朱婷婷：研究过一些成功人士的资金曲线角度，在令人佩服的资金图表左侧，一般会是个比较漫长的近乎横盘的缓慢上升的阶段，时间从几个月到一年不等，然后才开始爆发式增长。这比较符合动植物生长规律，也就是博观约取，厚积薄发。**在没有利润之前，耐心等待机会，交易周期一般限定在日内，初始止损一般在**1%，特别好的机会会设在2%~3%，由于止损位比较精确，2%的止损额度对应的仓位其实也很大了。

有了利润之后，会在日内和过夜波段之间分配资金，一般不超过3%的止损，在盈利比较大后，会扩大到5%~10%。如果遇见效果不好的情况，止损额度又会减少到初始水平。**可以用盈利去冒险，但是不会用本金去冒大风险**。

多说一句，**止损设计是很个性化的事情**，见过有些人把盈利出金后，做单不止损或者止损额度很大，结果做得也蛮好。但是表面看很违反资金管理的原则。我想这个和资金性质和投机目标有关。

我的观点是：止损首先是对付意外情况的，其次才是防范交易错误的扩大。当意外出现时，所有人都一样，你并不能控制它。但是你可以做到控制交易错误的大小。

少犯交易错误就是要做正确的事情。要尽心钻研交易技术，要耐心选择交易机会，同样的止损额度，好的交易技术和时机选择得当可以开很大的仓位，但是冒的风险是一样的。从这个角度说，技术分析很有用武之地。

问题9：您以前做交易，一笔单子的进场是主观判断的，现在是否还是如此？您主要通过哪些方面的分析，来决定一笔单子的进场和方向？

朱婷婷：低风险和止损明确是决定一笔单子进场的首要标准。判断市场是否存在低风险和止损是否明确要进行主观判断，但是判断的背后支撑是量化标准。也就是根据客观条件进行主观判断。客观条件不具备或者不充分就不进行判断，也就不做交易。这是我已经形成的投资风格，也是交易策略一致性的要求，以后还会坚持。

分析决定一笔单子的进场和方向，如果是比较短周期的交易，只使用技术分析就足够了。如果做较长一些周期的单子时候，要考虑其他的增加胜算的因素，比如商品的季节周期性；比如交易所的仓单和持仓数据；比如套利资金的动向和商品之间的强弱关系，期价和商品现货价格的升贴水结构以及国际间的价差；比如市场的人气心理；比如汇率、CPI的预期等宏观性的一些因素；比如天气和消费动向等等。**我不管这些叫基本分析，我称之为综合分析或者情报分析。进行情报分析就是要找出影响商品价格的阶段性主导因素，然后结合技术分析下注。**

问题10：在不同的行情背景下，都可能有进场交易的机会，但某些情况下进场风险较大，止损不好设计，而另一些情况则进场风险较小，止损可以做得比较小。面对不同的进场机会，您是否会不同对待？用不同的仓位和操作手法？

朱婷婷：风险较大、止损不好设计，一般情况下会回避，或者用象征性的仓位进行交易。风险较小，止损也较小，并且价格方向比较明确的时候进行重点交易。操作手法也会积极一些，这些都根据市场情况综合决定。

问题11：您认为“能否提前识别黑天鹅何时到来是长期在市场存活的关键之一”，您自己是如何定义黑天鹅事件的？您为何如此强调规避黑天鹅事件的重要性？

朱婷婷：日本突发的可怕的地震、海啸和核危机是黑天鹅的典型例子。

这种看上去很“罕见”的系统性风险所造成的重大损失称之为黑天鹅事件。这种重大损失发生的概率以前通常被认为非常小，但是**现在有人相信“黑天鹅”现象出现的概率比投资者想象的要大，影响力也超过以前。**

我认为在股票和期货市场里的黑天鹅就是短时间内发生大规模价格突变，无论引起价格突变的原因是什么，有时候是因为市场操纵，有时候是金融市场本身的原因，有时候是市场外的因素。**之所以强调规避黑天鹅事件的重要性，是因为它造成的后果是很严重的。有时候甚至是不能承受的。**

投资组合理论和系统交易的方法对黑天鹅这种小概率事件的认识是不深刻的，无论是分散投资还是使用一致性的交易策略都不能回避黑天鹅。在交易体系里加入黑天鹅事件，可使生存概率更大一些，黑天鹅事件某些是不可预测的，某些是可以预测到的，注意，我并没有说去预测价格。用积极的一面去思考，**如果对黑天鹅理解研究深刻，灾难的开始和结束其实可以酝酿很好的机会**。

问题12：到目前为止，您自己遇到过“黑天鹅事件”吗?

朱婷婷：以前和以后，无论是投资中还是生活里，黑天鹅事件是一定会遇见的，要提前做好风险防范的心理准备，面对各种情况。

问题13：您比较看重“找到一个期望值为正的交易策略”并且“坚定不移的执行策略”，请问一个普通投资者可以通过哪些方法找到一个期望值为正的交易策略?

朱婷婷：找到成功人士后学习然后进行模仿和创新，自身在市场中交学费通过在“战争中学会战争”是普通投资者找到“圣杯”的不二法门。但是在使用“圣杯”前，还需要进行“知己知彼”的修炼。**知彼就是深刻了解市场和价格，知己就是根据自身条件找到符合自己个性的交易策略和交易技术**。

另外一个比较重要的事情是，**对绝大多数人来说，由于对市场认识的巨大差异，大概并不存在一个固定的、机械不变的所谓“期望值为正的交易策略”，也就是“圣杯”**。了解佛学里“空性”概念的人很容易就会理解这一点。

那么怎么解决这一问题，我想有两个途径。一是根据市场条件的变化找到一个或者多个期望值为正的“阶段性”交易策略，并且坚定不移的执行；二是提升自身的智慧，与价格波动和谐共舞。**市场是千变万化的，但是市场行为背后的人的群体性心理变化是不会有很大变化的，甚至说，很稳定**。**寻找这种确定性，然后下注**。

问题14：另外，您觉得大约有百分之几的投资者能够“坚定不移的执行策略”？有些投资者无法坚持执行的核心原因是什么？您自己能坚持执行吗？

朱婷婷：从我个人的投机经历来看，“无法坚定不移的执行策略”，往往因为在交易过程中信息和技术太过繁杂散乱，还没有找到适合自己并且通过市场一定检验的系统策略。**只有足够信任自己，才能避免交易中的混乱状况，减少心理和操作上的摇摆不定**。

问题15：您曾经买过数千元的投资类书籍，并且刻苦钻研，学习各种技术分析的理论，那您现在用的技术分析方法，是从书上学来的吗？还是您自己摸索、总结的？

朱婷婷：先从书上学，再自己摸索和总结的。**书上只是讲理论，自己要总结如何使用**。现在信息传播速度非常快，不存在秘而不宣的投机理论。

问题16：在您看过的所有投资类书籍中，您觉得哪一本对您的影响最大？为什么？

朱婷婷：《短线交易秘诀》。之前我对秘诀秘籍之类的书从来不看的，因为不相信有人会把秘诀告诉你。后来发现我错了。**这本书不是搞理论的人写的，是实盘比赛冠军写的，比较有参考价值**。

问题17：您参加了“蓝海密剑”2009~2010期货实盘大赛，当时是在什么机缘下接触到“蓝海密剑”的比赛的？您参加大赛的主要诱因是什么？

朱婷婷：蓝海密剑是当时东航期货搞的实盘比赛第2届，很多人参加，**我参加大赛的主要原因是希望给自己留个长期的交易记录，至于获得名次实在是意外之事**。

问题18：在“蓝海密剑”2009~2010期货实盘大赛中，您以675%的收益率获得预备役的第一名，您在参加大赛之前取得过这么好的成绩吗？您觉得参加大赛是否有助于自己提高交易水平？

朱婷婷：之前没有取得过这么好的成绩，**参加比赛还是有助于自己提高交易水平的，与时俱进胜过闭门造车**。

问题19：预备役是指参赛日均资本金10万以下的选手，您是预备役的第一名，您觉得自己和操作大资金的得奖选手相比，是否还有差距？主要是哪些方面的差距？

朱婷婷：差距是肯定有的。其实以前也有过操作大资金的经验，不过很不幸失败了。失败的经历能使人成长。**在交易技术上，差距不大，主要是在交易心理层面差距比较大，那些优秀选手擅赢敢输**，我学习到不少。组建交易团队可以做到取长补短。

问题20：期货交易对您来说，更多的是谋生的手段还是人生的乐趣？

朱婷婷：任何一门职业，如果仅仅为了谋生，很难使人快乐。相信每个人都希望为了快乐去工作，而不只是单纯为了生存。**期货交易是我喜欢的事**。

高兵：多年来我一直在把玩走势图

（2011年6月22日　沈良整理）

高兵：（期货梦想）期货交易高手，2010年以净值37.67（即3667%的年收益）获得"蓝海密剑"2009~2010期货实盘大赛收益率第一名；2008年以400.49%的收益率（6个多月）获得第八届"中期杯"实盘大赛冠军；2008年以176.68%（3个多月）的收益率获得"2008交行杯"全国期货实盘交易大赛第8名。1995年开始做股票，2002年开始做期货，2005年开始摸索出一套自己容易把握的赚钱模

式，对可持续的盈利“有点感觉”，主要盈利模式为短线交易。曾在科研所工作，现为全职期货投资人。

访谈精彩语录：

听说过一些外国交易员从一手单开始，最终把自己账户变成几千万甚至几个亿美元的传奇故事。

千方百计地去寻找至少一种能让账户数字变大的技巧，梦想自己有一天终能创造魔术师般的神话。

参赛中，心态比平时好。没比赛的时候总追求完美。

参赛了，就会慢慢知道，我们都是人，不是神。

（对第二天的行情）猜对了当然容易做，适当时候获利平仓就是了。猜错了，立即出场！

基本上不关注基本面，因为做的品种多，没精力一一去看，何况去看了也没专业知识去判断究竟是偏多还是偏空。

正像有人喜欢集邮，有人喜欢收藏把玩古董等，而我就喜欢收集图形放在头脑里。

从投资一开始，多年来我一直在把玩走势图。

我的交易是主观交易，需要好行情加上好心情，两者都具备的时候，大仓通常大赚，缺少任何一样的时候，大仓就交易失败。

根据信心来决定仓位，单个品种也可能满仓，也可能小仓，通常总的持仓品种不超过3个，持仓比例也很灵活，可能是灵机一动就决定了。

同时把两个篮子的鸡蛋全打翻的运气难遇到。

市场好比大海，各种原因如地球的转动、海底地震等都会引起多种级别的海浪，我的工作就是根据经验去追波逐浪，而经验就是头脑里面的图。

进场前就想好一个认赔价，出场亏损不多又能证明之前的进场错误。

想策划做一次能放半年以上的单子，但还在冥想阶段。

也许是以前的敌人赤膊上阵的很多，用飞镖就能打伤几个，现在全都穿上厚厚的盔甲，准备逐步换成步枪了，但是瞄准的功夫还很差。

亏损会让自己更小心，减少下单量，但当感觉机会再次来临时会进场。

主要目标是想把交易周期延长，交易模式也可能会创新，比如以前都是追突破，以后可能会做些左侧交易。

老外的钱也不是那么容易赚的，因为哪里的天空都有下雨的时候。

可能是我换武器的缘故，操作不像以前了。

也许会失败很多次，也许在下次大行情的时候我就能做好了。

对失败原因的认识似是而非，是很多人亏损的原因。

人们宁愿相信书上的教条，也不愿相信价格的走势。

问题1：高兵老师您好，感谢您在百忙之中接受期货中国网和东航金融的联合专访。您在参加比赛时网名叫“期货梦想”，您为什么取这个名字？您在期货市场有着怎样的“梦想”？

高兵：你好！取那个名字的原因得追溯到做期货之前，当时**听说过一些外国交易员从一手单开始，最终把自己账户变成几千万甚至几个亿美元的传奇故事**。我想那不是简单的运气问题，一定有某些方法，即使是赌博，也有赌博的技巧。于是我就开始**千方百计地**

去寻找至少一种能让账户数字变大的技巧，梦想自己有一天终能创造魔术师般的神话。

问题2：您在“蓝海密剑”2009~2010期货实盘大赛中以3667%的年收益获得收益率第一名，在参赛过程中您觉得自己的交易水平是否有所提高？在聚光灯下和其他高手过招的感觉和平时自己一个人做的感觉有何不同？

高兵：参赛中，心态比平时好。没比赛的时候总追求完美，认为这个行情应该抓住的却错过了，那个行情应该赚50%却只赚了15%，总觉得自己每个月至少应该资金翻倍，那目标当然达不到，有时会因此而沮丧。**参赛了，就会慢慢知道，我们都是人，不是神。**

问题3：您在大赛中的打法和日常操作手法会不会有较大的不同？

高兵：基本上操作是一样的，反正资金也不多，比赛账户在信心足时就尽量地加仓。

问题4：您会运用“技术分析或者反技术分析或者盘感去猜测明天走势”吗？猜测完走势之后，您会怎么做？（第二天的真实走势可能符合您的猜测，也可能与您的猜测不同）

高兵：猜对了当然容易做，适当时候获利平仓就是了。猜错了，立即出场！

问题5：您做交易时主要是看图，就是说您是一个技术派，您主要看哪些方面的图形？基本面信息您一点都不关注吗？

高兵：基本上不关注基本面，因为做的品种多，没精力一一去看，何况去看了也没专业知识去判断究竟是偏多还是偏空。既然有那么多看得懂的人去看然后进场，我跟随就是了。

问题6：您会把记在脑中的一张张图形分门别类吗？以便于在不同的图形出现时，您能够进行相应的判断、采取对应的操作。

高兵：是的，在我头脑里装有很多图，都是记忆下来的。**正像有人喜欢集邮，有人喜欢收藏把玩古董等，而我就喜欢收集图形放在头脑里**，包括读书时候的立体几何和后来的价格走势图。**从投资一开始，多年来我一直在把玩走势图**。

问题7：您关注的品种不少，但同时操作的品种不多，而仓位比较重。您单个品种一般多大仓位？整个账户一般多大仓位？

高兵：我的交易是主观交易，需要好行情加上好心情，两者都具备的时候，大仓通常大赚，缺少任何一样的时候，大仓就交易失败。平时呢，我会把所有活跃品种放在视线范围内，观察它们的互动关系，**根据信心来决定仓位，单个品种也可能满仓，也可能小仓，通常总的持仓品种不超过3个，持仓比例也很灵活，可能是灵机一动就决定了**。

问题8：您认为“最好不要满仓操作相关性强的品种”，但“可以满仓操作相关性差的品种”，为什么相关性差的品种可以满仓操作？

高兵：同时把两个篮子的鸡蛋全打翻的运气难遇到。

问题9：您认为某个品种在某个时候会出现高收益、低风险的机会，您如何判断这种机会的到来？

高兵：市场好比大海，各种原因如地球的转动、海底地震等都会引起多种级别的海浪，我的工作就是根据经验去追波逐浪，而经验就是头脑里面的图。

问题10：即便是“高收益、低风险”的机会，还是会有风险的，如果做错了，您止损是怎么设的？

高兵：**进场前就想好一个认赔价，出场亏损不多又能证明之前的进场错误**。

问题11：您以前做交易主要做日内的短线和几天的波段，现在是否还是这样的方法？

高兵：**想策划做一次能放半年以上的单子，但还在冥想阶段**，呵呵。

问题12：据说这半年来，您的交易成绩没有以前那么好，您觉得主要是什么原因导致您近期交易成绩的下降？

高兵：这个问题我也一直在思考。**也许是以前的敌人赤膊上阵的很多，用飞镖就能打伤几个，现在全都穿上厚厚的盔甲，准备逐步换成步枪了，但是瞄准的功夫还很差**。

问题13：当您连续亏损到达什么程度时，您会考虑停下来休整、观望，重新思考交易模式、重新感悟市场变化？

高兵：实际上一直在重新思考自己的交易模式和感悟市场，因为任何人的交易系统不可能成熟得或者完美得不想提高。**亏损会让自己更小心，减少下单量，但当感觉机会再次来临时会进场**。

问题14：您是否在考虑交易模式的变化？您会改变交易周期、改变分析方法，还是改变进、出场的策略？

高兵：是的，希望能有新发现。**主要目标是想把交易周期延长，交易模式也可能会创新。比如以前都是追突破，以后可能会做些左侧交易**。进、出场策略肯定也跟着改变了。

问题15：近半年来，内盘品种走势不太流畅，操作难度加大，而外盘品种则相对流畅，您有没有考虑开拓外盘交易？

高兵：有这考虑，但**老外的钱也不是那么容易赚的，因为哪里的天空都有下雨的时候**。

问题16： 2010年11月以来，随着保证金和手续费的提高，很多品种的成交量大幅下降，波动节奏也发生了一些变化。但棉花这个品种的手续费相对来说还是很便宜，成交依然很活跃，您觉得棉花这个品种目前的流动性和波动性适合您交易吗？

高兵： 棉花、橡胶、PTA……等都适合，但**可能是我换武器的缘故，操作不像以前了**。

问题17： 您现在处在观望、调整阶段，您觉得您这一次观望、调整，需要多长时间？观望、调整之后，能否打破瓶颈？

高兵： 对此我还是充满信心的。**也许会失败很多次，也许在下次大行情的时候我就能做好了**。

问题18： 期货市场绝大部分人亏损的现实不可改变，很多创造高收益的交易者也是昙花一现，真正能够持续盈利的人少之又少，您觉得99%的投资者在期货市场无法实现持续盈利的核心原因是什么？投资者在市场中最大的敌人是谁？

高兵： **对失败原因的认识似是而非，是很多人亏损的原因。人们宁愿相信书上的教条，也不愿相信价格的走势**。

问题19： 就您的理解而言，对普通投资者来说，期货市场是否是一个值得参与的市场？

高兵： **除非有信心、决心和勤奋能成为那1%的人**。

问题20： 您是真正"爱"期货的交易者，您觉得人世间比期货更重要的东西还有哪些？

高兵： 那可多了，**生命、爱情、自由**……

是俊峰：套利是对价差、对波动率的投机

（2011年6月22日　沈良、翁建平整理）

是俊峰：（ST大豆）套利交易高手，一线交易员。稳定增长、几乎不回撤的权益曲线，让无数人折服。曾任职于浙江天马期货研究中心经理，是国内少有的转型成功交易员。定力超群，用做生意的方法做期货，专注于套利对冲交易，回避风险，稳健经营，目前年平均回报率稳定于30%以上。

交易成功的人，交易方法都很简单，ST大豆身上，再次证明：

大道至简。“简”是经过学习思考的长期积累，顿悟以后的一种超然，“简”是智慧的结晶。

“蓝海密剑”2009~2010期货实盘大赛后备战地指挥官，成绩215.96%，盈利2159626.47元，名列导弹部队收益率第三名、全部选手盈利额排名第四。

访谈精彩语录：

从不持有自己无法控制的持仓，所以没有经历过很大的亏损。

（套利）简单地说就是一个买一个卖，实际上是做一个价差的投机。

单纯的跨期套利，我只做买近月空远月，就是买前抛后的做法。

相关品种之间的套利，主要依据内在的逻辑分析。

传统的比如跨月套利，买前面抛后面的盈利空间确实不大，我现在转向相关品种之间的套利。

各个品种的相关性在提高，我觉得应该更多地向这方面进行研究，机会也并不少。

根据我一直在香港做股指套利的经验，股票和指数之间的套利是件很荒谬的事情。

我现在是买入一部分强势的股票，做空一部分弱势的股票（香港市场）。

我现的交易也在拉长时间，尽量增加持仓时间。

（索罗斯）他来肯定是来赚钱的。怎样赚钱也得看市场行情。

我分了很多项目组，它们同时出现大机会的可能性也不是很大，我集中于少数几个项目组。

普通意义上的投机是针对价格的投机，套利交易更多的是价差的比较投机，再进一步深入则是对波动率的投机。

我肯定不会让自己的交易规模达到上限，一旦达到上限，就意味后续会增加不可控的风险。

相对来说，年轻人可以给自己的交易规模设高一点，年纪大的人应该降低自己的杠杆比率。

年轻人的时间价值很大，他可以用更多时间来博取更多的收益。

任何分析都应该主观和客观结合在一起。这两个还是个整体，没必要割裂开来。

影响我决策最大的因素就是流动性，如果丧失了流动性就意味着要付出更多成本。

不成熟市场流动性存在严重不足，做大了做不了，做小就没什么意义。

工具越多，交易难度就越大，要学习的东西也就越多。

更多研究如何错误的交易，看看亏钱的人是怎么亏掉的。

看到错误的方法反过来做就对了，错误的错误就是正确。

（多个高手共同操作一个基金）赚钱还是要看行情，不过这样运作大大降低了亏钱的风险。

目标只有一个——赚钱，如何实现就要尽量降低亏钱的因素。

信托基金可能在香港做，国内A股市场我肯定不会做。

期货基金国内政策不允许，大家还是基于信誉模式的合作。

我们在做交易的时候肯定会碰到一个又一个的瓶颈。

每个交易者必须不断地去突破下一个瓶颈。

问题1：是俊峰先生您好，感谢您在百忙之中接受期货中国网和东航金融的联合专访。不少高手认为做期货没有经历过大亏就不会成功，而您好像没有过大亏的经历，您觉得是您的运气好，还是有其他的原因？

是俊峰：我觉得一旦出现亏损，就要分析手上的持仓，看看持有的原因和当初建立仓位的原因是不是一样，风险是不是在自己的可控范围之内，如果情况都变了或者亏损不可控，不管亏多少，我都会平掉。**从不持有自己无法控制的持仓，所以没有经历过很大的亏损**。

问题2：在您心目中理解的"套利"和我们通常说的套利是否存在一定的差异？您个人对"套利"是怎么定义的？

是俊峰：简单地说，就是一个买一个卖，实际上是做一个价差的投机，通过价差的变化，寻找赚钱的机会。其实跨月套利也是一样，比如7月和9月相差200元，这也是一种价差。

问题3：套利一般分为数理统计套利、基本面分析套利和技术分析套利，您主要使用哪一种？为什么？

是俊峰：这个要分情况讨论，根据做的不同的项目，方法不一样。

比如**单纯的跨期套利，我只做买近月空远月，就是买前抛后的做法**。拿塑料来说，9月份是10400多元，1月份是10900百多元，它们相差500元钱，一共4个月，去掉中间的交易成本、仓储成本等，收益大概在10%左右，那我就做买9月空1月。而其他品种，近月高远月低，我就不做。

还有一种是**相关品种之间的套利，主要依据内在的逻辑分析**。5月份开始，我一直在做买橡胶买铜和空塑料空锌的套利。因为橡胶现货最近从33000元涨到35000元，橡胶9月的期货相差3个月，比现货价格低3000元钱，铜的期货价格比现货价格每个月大概低600元左右，假设我持有多头到期平仓的时候，现货价不变的情况下，多头就能持续的获得现货升水收益；空头方面，塑料9月份的期货价格比现货价格要高500元，锌也是期货价格比现货价格每个月高100元，这样我持有塑料和锌的空头，我每个月也能获得迁仓收益。假设现货价格到9月份还不变的话，铜大概能赚2000元，橡胶能赚3000元，锌能赚400元，塑料能赚500元，这是基于现货价格不变的情况下。如果现货价格变了，这几个品种内在都有相互之间的关系，大体上来说都是同步变动的。再比如PTA的走势，去年底的时候涨得很厉害，是因为受到棉花的带动，而今年棉花一直在跌，所以说PTA也比较软。假设我要做PTA和塑料之间相关性的套利，我要研究它们内在的逻辑关系。做相互品种之间的套利，还是要依靠逻辑方面的判断能力。

问题4：您认为一项成功的套利应该做哪些方面的准备工作？应该分为哪几个步骤执行？

是俊峰：首先是策略。要有大体策略上的方向，就是我刚才讲的依据价差**或比价**之间的关系，有了策略就可以定义不同的品种该做多头还是空头。**其次要有计划**。所谓的计划，不可能在一直涨的时候买，品种之间有相互之间的价差波动，如果是盲目的追涨杀跌，未必会有好的收益。比如橡胶，橡胶本身波幅很大，这波从5月份的29000元一直涨到34000元，在它盘中跳水或者跌了很多的时候，我再进去买，如果它涨得很快，我先把它平掉，不断地做来回，这就是所谓的计划。在策略和计划都有的时候，**剩下来就是执行**。所谓的执行就是看到跌了就去买，不要担心受怕，买了之后如果出现亏损，也无所谓。因为在自己计划的可控范围内，等到赚到钱的时候再把它平掉。就按照这个套路，就这三点。

问题5：在上述的这些步骤中，哪一个步骤是决定成败的最关键点？为什么？

是俊峰：肯定是策略，大方向错了，后面也没用了。策略正确，无非是赚多赚少的问题，执行得不好赚500元，执行得好赚1000元。如果在策略错误的情况下，不亏钱还能赚钱，那只能说明运气好，这个就不是水平问题了。

问题6：因为双边套利的风险明显低于单边投机，收益也相对稳健，所以目前参与套利的资金越来越多。就您看来，随着参与资金的增多，套利空间会不会逐步变小？

是俊峰：传统的比如跨月套利，买前面抛后面的盈利空间确实不大，而且交易所去年提高了手续费，保证金也提高了，所以空间比以前小了很多。比如说强麦，前段时间9月合约和1月合约价差到了140的时候，我也去做了，因为保证金太高，交易所就要收4000元，多少年前，4000元都可以做手铜了，这样导致成本大幅提高，收益率大幅下降，套利空间就越来越小。所以**我现在转向相关品种之间的套利**。现在各个交易所都有新的品种上市，而且各个品种之间的相关性比原来大很多，**大家参与期货市场是把市场当做一个整体，不像以前做大豆的就做大豆，不看铜**，现在整体市场的关注度都在提高。所以**各个品种的相关性在提高，我觉得应该更多地向这方面进行研究，机会也并不少**。

问题7：交割是套利需要考虑的一个环节，而股指期货是用现金交割的，这是否增加了股指期货套利的便利性？

是俊峰：根据我一直在香港做股指套利的经验，股票和指数之

间的套利是件很荒谬的事情。我总结了过去的经验，在指数大涨的时候，做这种套利肯定是赚钱的，因为指数涨得少，个股涨得多，每天都有牛股跳出来。但是遇到宽幅盘整的时候，比如说恒指从去年11月份到今年年初一直在22000~24000，这时候股票交易的难度就大，就未必能赚到钱。而遇到跌势的时候，不管好坏股票一起跌，但是指数总的来说跌得比较少，很难跑赢大势，所以我觉得股票和指数的套利是件很荒谬的事。

我们在做股票指数的时候，其实是做一组股票，比如香港恒生指数有46只股票，我们做恒生指数就意味着我们同时持有这一组股票的组合，然后沪深300是300只股票，我们持有一张沪深300指数就等于我们同时持有这300只股票的组合。股票组合内部再细分，并不是所有的指数股每天都在涨、都在跌，总是一部分涨一部分跌，大盘涨的时候，指数股可能涨得比较多，跌的时候，指数股可能跌得比较多，但个股总是有涨有跌的。**如果我们多头买了一篮子股票组合，空头我们用股指期货作为对冲的话，实际上空头的很多部分已经被抵消掉了，多头的部分实际上是多的股票组合，但是空头部分，实际上是一部分多，一部分空，一部分平，所以做套利难度是很大的。我现在也改进了一下，如果是买股票空指数套利就把指数中的涨的部分拿出去，只做弱的部分，再进一步，则是直接买强势股，做空弱势股**（注：香港市场，做空股票的融券业务比较成熟）。

股票指数成分股是随时在调整的，包括恒生指数每3个月都会调整一次，把一些差的股票踢出去，比如说富士康被踢出去了，又加入了恒安国际**和友邦保险**这种很优质的股票进去。从长期来看，股票指数是长期向上的，长期做股票组合和指数套利难度又进一步加大，因为你永远和“好学生”在赛跑。所以**我现在是买入一部分强势的股票，做空一部分弱势的股票**。

问题8：有些人做套利是用电脑辅助完成的，您有没有应用套利软件之类的辅助性工具？您觉得这类工具有用吗？

是俊峰：我没有在用。**这类工具在某些情况下还是有用的，因为电脑相对人脑来说，它的反应速度快，下单快**，比如我用手敲的话，一天能下50笔单，如果用电脑的话，可能下200或者更多。**不过现在交易所的保证金和手续费都提高了，造成短线的成本非常之大**。如果在继续做这种高频交易，利润肯定跟不上成本的增加，所以在国内暂时没有多大意义。**我现的交易也在拉长时间，尽量增加持仓时间**。

问题9：去年，索罗斯到香港设立分公司的事情备受瞩目，您对这个事情也非常关注。您觉得他这次来香港是干啥来的？对您来说是否意味着会有赚钱的机会产生？

是俊峰：他来肯定是来赚钱的。**怎样赚钱也得看市场行情**，至少中国市场越来越受到国外投资者的关注。像现在做期货，国外的分析师写研究报告也不得不提中国的期货市场。在研究股市的时候也是一样，会增加对国内和香港股市的研究。**资金不断流入，并在国内流动，带来的机会可能会更大一点**。

问题10：2010年11月，您认为做多港股，同时做空国内沪深300股指的套利机会比较大，当时您做了这方面的套利了吗？效果如何？

是俊峰：在2010年11月初的时候，国内期货指数的升水拉到100甚至150，很快在12号暴跌，15号反弹了一下，16号又暴跌，期指升水就没有了，我当时在香港大量买入，然后又在国内的股指对冲，效果不错。**在香港我买的都是比较强势股的组合，如果做空国内指数，相当于能多赚一部分升贴水的钱，两边都有好处**，就像刚开始讲的，我买橡胶买铜，多头能获得一部分收益，然后我去空塑料空锌，空头也能获得一部分收益，其实性质是一样的。

问题11：能否透露一下，您现在主要在做哪些品种的套利？

是俊峰：国内活跃品种我基本上都参与，不活跃的品种，比如线材、硬麦肯定是没办法做的。

螺纹钢和焦炭、塑料和PTA、豆油和棕榈油等等，这些品种之间的相关性很大，**我分了很多项目组，它们同时出现大机会的可能性也不是很大，我集中于少数几个项目组**。就好像我开了个百货店，卖化妆品、服装、电器等等，看到卖电视机的生意比较好，就把资金加到这上面，多进点货，其他就先放一放。但是**总的来说对每个资源的投入都有个上限，不会超过这个上限**。

问题12：您认为“很多时候套利的交易模式，钱多的人看不上，钱少的人做不来”，那么请问多少资金规模比较适合做套利？

是俊峰：我觉得现在几百万、上千万、上亿都可以，再少性价比就不是很高。因为现在跟以前不一样，以前保证金、手续费低，如果钱少的话可以加快周转频率来提高盈利，但是现在不行，通过加快周转频率来提高盈利非常难。不过现在市场的流动性比原来好很多，像橡胶、棉花做个几百张也就是几秒钟的事情，比方做500张橡胶，那就是2500吨，每吨是33000元，就是8200多万元的货值，所以我觉得做上亿的资金也问题不大。

问题13：套利专家、阳光私募基金管理人刘宏认为“套利属于公共机会，投机属于个人机会”，您是否认同这个观点？

是俊峰：还是刚开始讲的策略问题，**我理解的套利是基于价差**

的投机行为，这也是个人机会。普通意义上的投机是针对价格的投机，套利交易更多的是价差的比较投机，再进一步深入则是对波动率的投机，两个品种，一个涨得快，一个涨得慢，其实就是波动率不一样。对价差的投机就是对波动率的投机，所以套利也属于个人机会。

问题14：关于满仓操作，不同的人有不同的看法。您做套利会不会重仓交易或满仓交易？

是俊峰：满仓的概念有两种，第一种，仓位里的钱；第二种，外面活动的钱，就看你怎么看。我觉得应该引入一个交易规模的问题，比如单笔的最大风险承受度是多少，根据风险度看看行情，可能会亏多少，然后再反推出一个交易量，最大的交易量就这样来确定。比如预备最多只能亏10万元钱，我一手5吨的做100手，那就是200个点，如果我觉得会跌400点，那我就不能做100手，我就只能做50手，要引入一个交易规模的概念。对我来说，**我肯定不会让自己的交易规模达到上限，一旦达到上限，就意味后续会增加不可控的风险**。

问题15：一个25岁的年轻人只有10万元现金，您觉得他可以满仓做期货吗？另外，一个60岁的老年人有100万现金，您觉得他可以满仓做期货吗？

是俊峰：这个问题不全面，25岁的年轻人有10万元，还要看他家里有没有钱，月收入会不会很高，**相对来说，年轻人可以给自己的交易规模设高一点，年纪大的人应该降低自己的杠杆比率**，相对保守一点。毕竟**年轻人的时间价值很大，他可以用更多时间来博取更多的收益**。

问题16：如果我们把期货交易模式分为两大类“主观交易”和

“客观交易”，您觉得哪一类更容易成功？哪一类更容易取得高收益？

是俊峰：我觉得应该综合起来看，**任何分析都应该主观和客观结合在一起**。我举个例子，像程序化交易，在前段时间做橡胶就会发现有很大的漏洞，9月橡胶为例在5月6日跌到最低点29400元，然后涨到33000元，这是一个过程，但是从图形没办法反映现货比期货价格多了3000元，而前一波橡胶下跌，从4月份开始从35000元一直跌到29400元，还有很多人去做空，按照看图说话的客观交易来做，虽然很客观，但是没有看到期货价格比现货价格低3000元，所以我觉得**这两个还是个整体，没必要割裂开来**。

问题17：对您这样的对冲套利者来说，是在成熟市场容易赚到钱，还是在不成熟市场容易赚到钱？为什么？

是俊峰：显然是成熟市场。因为成熟市场流动性比较好，作为我现在交易考虑的问题，**影响我决策最大的因素就是流动性，如果丧失了流动性就意味着要付出更多成本**，因为做价差投机利润本身不是很大，如果还在付出额外的因为市场原因的成本就得不偿失了。很多股票也是，它的涨势或者跌势比较好，但是我没办法做，就因为它的流动性满足不了我的条件。**不成熟市场流动性存在严重不足，做大了做不了，做小就没什么意义**。

问题18：目前中国的期货衍生品工具还比较少，随着汇率期货、债券期货、期权等的推出，我们可以做的对冲套利模式是否会更加丰富？

是俊峰：应该是的。不过**工具越多，交易难度就越大，要学习的东西也就越多**。

问题19：您在“蓝海密剑”2009~2010期货实盘大赛以收益

215.96%、盈利2159626.47元的成绩夺得后备战地指挥官，新一年的大赛您也在参与，并且成绩也不错。您参加这项大赛最大的感悟是什么？

是俊峰：可能参加比赛会适当地加大杠杆比率。但在具体操作上，把这事情不要当做比赛来做，该怎么做就怎么做，不要刻意地追求盈利率。

问题20：这几年来，在“蓝海密剑”期货实盘大赛和其他相关大赛中，涌现出不少“期货高手”，他们的操作风格各异，但都创造了“财富传奇”。在这些高手中，哪一个或哪几个是您比较欣赏和佩服的？为什么？

是俊峰：我基本上没有研究其他人的交易，觉得做好自己的就可以。**更多研究如何错误的交易，看看亏钱的人是怎么亏掉的**，比如重仓、不止损、跌停还去买、涨停还去抛，然后**看到错误的方法反过来做就对了，错误的错误就是正确**。

问题21：您是东航金融种子基金的基金经理之一，您觉得种子基金的运作模式是否合理？多位基金经理共同运作的形式有没有增加总账户的盈利能力？

是俊峰：我觉得赢钱还是靠天吃饭，**赚钱还是要看行情，不过这样运作大大降低了亏钱的风险**。因为大家都是技术比较好的，至少每个人的赚钱概率都大于50%，反过来赔钱的概率就小于50%。

问题22：作为职业投资者，您的下一个目标是什么？打算如何实现它？

是俊峰：目标只有一个——赚钱，如何实现就要尽量降低亏钱的因素。

说到信托基金可能在香港做，国内A股市场我肯定不会做，因为

A股市场可对冲的空间太小，杠杆比率也很低，香港操作的空间比较大。**期货基金国内政策不允许，大家还是基于信誉模式的合作，**所以我等政策放开了再看情况。

尾声：我们在做交易的时候肯定会碰到一个又一个的瓶颈。资金大了会让交易难度增大，比如做短线的，只能用这点钱去做，用20万可以，用200万就不行。**每个交易者必须不断地去突破下一个瓶颈。**

杜小东：我把盘感叫做投机心理学

（2011年6月27日　沈良整理）

杜小东： 期货短线交易高手，也做点波段和趋势，3年期货交易经验，做期货之前做过股票。

四川南充人，现居广东江门。2008年入市的时候，作为一个新手，仅仅用3个月时间，资金就成功翻倍。2009年1月间，却在短短的两个交易日内，资金亏损50%。从进入期货至今，总资金已经翻了10倍以上。

“潜龙出渊”2008~2009期货实盘大赛最佳流动奖，“蓝海密剑”2009~2010期货实盘大赛成交金额第一名。

访谈精彩语录：

做期货一开始就如此顺利是基于在权证上的操作经验。

我之前一度在权证市场用两三个月的时间实现了5倍的收益。

天赋也是有的，但这也决不是问题的全部，实际上做期货也需要努力学习、勤奋思考。

而至于盘感，我自己把它叫做投机心理学，就好比一个心理学专家揣测别人的意图是一样的。

有时我也自诩是一个心理学家。

我首先将期货定义为一门科学，然后才是一门艺术。

期货交易如同是战场上的博杀，而交易的人，毫无疑问就是战争的指挥者，期货交易的成败就在于指挥者的指挥艺术和对势局的把握以及所采取的战略战术。

做期货永远有主动权，而做股票买进后就只能等它涨，不涨就被套。

如果把曲线拉直，肯定比趋势线更长，所以做短线有时可能比趋势更赚钱。

当然是日内短线对我来说更易赚钱。

我最多的亏损就是来自于过夜仓单。

红军北上是战略的需要，但本来直线距离不过两千公里，红军却走了两万五千里，于是这过程中就有了声东击西、四渡赤水等战术的运用。

在期货实战中，没有对基本面的清晰认识，就很易犯原则和方向上的错误，而这种错误又是最致命的。

基本面对短线交易的参考，主要是原则性的指引，对当天的交易并无太多参考，而策略和战术则在短线交易中就显得比较突出了。

我很少看k线和技术指标，而是根据分时走势来下单。

我一般选择两个强势品种，以其中一个为主。

我选择的主力品种一定是成交活跃和波动较大的，比如橡胶和棉花就是我的主打品种。

我很不赞成重仓交易，因为根据我的实战经验，重仓很易犯错，而且无回旋余地。

短线强调一个快字，虽然是轻仓，但反复快进快出，只要胜率高，其实也很赚钱。

期货投资可以说是我最擅长的，正因为如此，我现在很少把资金配置到其他方面，我的原则就是集中精力做我擅长的事情，期货是我投资的最爱。

你知道水是无形的，我觉得期货的波动也如同水一样，所以我喜欢天马行空的感觉。

赚得最多是橡胶，其次是棉花，亏得最多是白糖。

（手续费提高后）盈利难度确实大了不少，以前只须集中做短线就是了，现在却要尝试波段和趋势。

我最主要和得意的成就并不在期货方面，而是在对宏观经济的思考。

在资金有限的情况下我只能跟随市场走，做一个战场上的英雄，但其实我更喜欢做一个战略指挥家。

几乎所有成功人士的经验都是来自于对自己过去经验的反思和

总结。

你首先要确保对自己洗心革面地改造，然后才是借助于别人的经验来完善自己。

对未来的判断，其实多是历史带给我们的启示。

总觉得国内还没有真正大师级的人物，如果有，我愿与他同行，在国际上与华尔街的人物拼一下，也为中国人挽回些尊严。

现在对我来说赚多少钱已不再成为我的计划和目标，而我的宏伟目标就是要颠覆华尔街，重建国际金融秩序，让世界在有序的经济秩序中求得平衡发展。

我更希望中国人变得智慧和强势，能在未来的资源战中取得优势，为13亿中国人民带来福祉。

问题1：杜小东先生您好，感谢您在百忙之中接受期货中国网和东航金融的联合专访。您做期货只有3年时间，却取得了不错的成绩，在2008年入市时，作为一个新手，您仅用3个月时间，资金就成功翻倍。您觉得主要是什么原因让您一开始就如此顺利？

杜小东：在期货市场一开始就能盈利，并持续半年，得宜于之前在权证市场练就的高抛低吸手法和对商品市场走势的把握。记得刚开始是做燃料油，小胜之后发现橡胶很活跃，且波动大，于是就改做橡胶，正好是在28000元点的历史次高点，从2008年7月开始做，当时以空单为主，一直到9月30号，在接近于跌停的位置平了仓，然后就去海南旅游去了，接下来的事情大家都知道了，虽错过了暴赚的机会，但比之多头已幸运很多了。应该说，**做期货一开始就如此顺利是基于在权证上的操作经验。我之前一度在权证市场用两三个月的时间实现了5倍的收益**。

问题2：而在2009年1月间，您却在短短的两个交易日内，资金亏损了50%。这又是什么原因导致的呢？像这样的亏损在您后来的交易中还有没有出现过？

杜小东：是的，当时忘记了物极必反这个道理，在橡胶超跌反弹过程中空单被套，没下决心止损，结果强势涨停，至第二天高开5%后才平掉，由于80%的仓位，所以损失达到了50%，时间正好是2009年元月一日。印象深刻，这给了我当头一棒，接下来3天心情很沉重。**好在经过认真反思和总结，很快又走出了阴影。教训就是：仓位太重，未止损**。但也意识到这仅是一种少见的极端行情，之前的操作手法并没有错，在过去我能用1／3或1／4的仓位以超过70%的胜率让总资金翻一倍多，相信今后也一定能够赚回来，只不过是多花费几个月时间而已。如此一想，心情也就放松了，事实也的确如此，我在3个月后资产又创了新高。虽然今年有个账户第二次出现过亏50%的情况，则是在4个月的时间里逐步亏掉的，而两天就亏50%的现象，到目前也就那一次。

问题3：总体来说，相对其他优秀的期货交易者，您达成盈利所用的时间较短，交的学费也不多，您是否觉得自己做期货是有天赋的？是否觉得自己做期货的盘感特别好？

杜小东：当然，**天赋也是有的**，不然那么多期货投资者为什么赚钱的就只有少数人呢？**但这也决不是问题的全部，实际上做期货也需要努力学习、勤奋思考**。在资本市场里，成功的期货投资者甚至要比其他金融行业人员知道和了解的更多，专业是必须的。**而至于盘感，我自己把它叫做投机心理学，就好比一个心理学专家揣测别人的意图是一样的**，要能感觉到参与市场的主力在想什么。所以**有时我也自诩是一个心理学家**。

问题4：有人说期货是一门艺术，也有人说期货是一门科学，您偏向于哪个？为什么？

杜小东：我首先将期货定义为一门科学，然后才是一门艺术。期货在交易市场远比股票复杂得多，涉及到的知识面更广，首先，对于宏观面，你必须具备战略眼光，对未来相当一段时间的经济演进有一个比较明晰的判断。其次，你又必须了解期货品种所在行业的运行情况，这就又牵涉到很多知识和信息，比如说铜，你不仅要知道全球铜的消费和生产量，还要知道铜的地质储量，这些还不够，你还要知道铜的应用前景，未来哪些新兴产业会带来铜的更多需求，以及各国经济政策和发展计划对铜的影响等；再高端一点来说，你还必须了解当前和以后的科技动态和趋势，因为任何一项革命性的科技成果都会带来社会和经济的大步向前，并改变之前的宏观经济基础。这有点难以理解，可以打个比方，如果未来氢能源能大规模应用，是不是能源结构就发生改变，石油不再昂贵，地球气候也将显著改善，农业将很少受到极端气候的影响了呢？最后，当然，期货也是一门艺术。**期货交易如同是战场上的博杀，而交易的人，毫无疑问就是战争的指挥者，期货交易的成败就在于指挥者的指挥艺术和对势局的把握以及所采取的战略战术。**我喜欢看战争题材的电影，也喜欢军事方面的著作，大决战的三部曲我都看过好几回，现在再看，我依然还有兴趣。可以说，**期货作为一门艺术，和战争指挥艺术有很多共性。**

问题5：您以前也做过股票，现在还做不做？相对股票而言，您觉得期货的最大魅力是什么？

杜小东：以前是做股票的，不过现在很少做了，精力都放在了期货方面，尤其在看空中国经济的情况下，之前就清仓了。期货相对于股票，最大的魅力在于杠杆交易，将资金放大了，而且是T+0、可做空，**做期货永远有主动权，而做股票买进后就只能等它涨，不涨就被套**，而且在看空的时候根本就没事做，如果耐不住寂寞就容易犯错。

问题6：您以日内短线交易为主，您为什么主要选择日内短线交易的模式？

杜小东：原因有以下几点：①如果把曲线拉直，肯定比趋势线更长，所以做短线有时可能比趋势更赚钱。

②短线每天都有机会，而趋势则不是经常有。

③本人的性格不甘寂寞，既然短线有机会为什么不去做呢？

④**最根本的是我擅长短线交易**。

⑤短线交易风险较易控制。

问题7：您也做一点波段和趋势，就您看来，日内短线、几天的波段或更长的中长线，这三种模式哪一种可能赚到最多的钱？哪一种风险最小？

杜小东：当然是日内短线对我来说更易赚钱，实际上这3年来我都是靠日内短线来获利，一旦放弃这种模式，我就显得力不从心。我也尝试过后两种模式，但到现在还没有成功。而至于风险，**我最多的亏损就是来自于过夜仓单**。

问题8：很多短线交易者是不看基本面的，而您在具体做盘之前，还要做基本面分析、判断大势，您主要分析哪些方面的基本面信息？如何用基本面分析指导短线交易？

杜小东：做期货最直观的体现形式就是你的交易风格，但无论哪种风格，其深厚的功底又都在于你对知识的学习掌握、对信息的分析判断、对未来的前瞻性把握以及将时间和空间的有机结合。

这就又好比是战争，你要把握战略方向，但同时你在具体实施的过程中又要采取许多灵活的战术来实现战略目标。比如，**红军北上是战略的需要，但本来直线距离不过两千公里，红军却走了两万五千里，于是这过程中就有了声东击西、四渡赤水等战术的运用**。而在**期货实战中，没有对基本面的清晰认识，就很易犯原则和方向上的错误，而这种错误又是最致命的**。举个实例，在橡胶在19000元的平台整理时，我当时就根据中国汽车消费增长情况这一基本面做出了橡胶将会突破，并有可能在大宗工业品中率先创历史新高的判断，这应该是在2010年1月份的时候，我在给朋友的一份电邮就是这么说的，现在还保留着。而我身边另一位朋友持与我相反的观点，结果从19000元涨到23000元时不得不止损。损失可想而知。当然，**也不是说每天的交易都跟基本面有关，基本面是在一个相当长的时间里存在的，在这期间把握好策略就是了**。

分析基本面一是看宏观经济有否发生变化或预期未来是否有可能发生转折；二是看商品本身的行业供求关系有否改变或预期未来如何；三是可以想象的一些突发事件发生的可能性和预期影响几何，这一点针对农产品尤为重要，所以你还得学习关于气象的知识。以前有人问我，农产品走势如何看，我说，农产品你只需关注极端气候就是了。这话今天来看至少有80%的分量。而且我们很早就说过，极端气候会越来越常见，这话今天来看也是相当有分量的。

而**基本面对短线交易的参考，主要是原则性的指引，对当天的交易并无太多参考，而策略和战术则在短线交易中就显得比较突出了**。

总之对基本面的掌握，考验的是你对问题的观察、分析和判断能力，很难说一个不擅长基本面分析的投资者又能在短线上会有多大建树；但短线又需要另一种造诣来强化和完善。

问题9：在具体交易时，您会根据自己判断的大方向，只做一边的短线交易，还是在机会合适时做多做空两边都做？

杜小东：当然，在做出大方向的判断后，你必须以同方向的操作为主，**如果是一种强势行情，则原则上不应反向开仓，如果不是，则行情在当天就有反复，这也给短线交易带来更多机会**。

问题10：有些短线交易者根据固定的一个或几个指标进、出场，也有一些短线交易者是凭感觉进、出场的，您属于哪一类？为什么选择这样的进、出场方式？

杜小东：应该属于后者。**我很少看K线和技术指标，而是根据分时走势来下单**。比如说棉花，我只需在其波动不大时赚15或20个点就出，这时你如何运用技术指标呢？所以得靠感觉。有时你还发现，价格在某一点位遇到了上千手大单，而且几次未能破位，这时，从心理角度想，你该知道主力的意图了。所以这又牵涉到一门心理学。上述都是在实践过程中锻炼出来的，已经形成经验和模式了，所以就习惯而为了。

问题11：短线交易者，一天不太可能同时操作太多品种，您一天内一般做几个品种？您如何选择合适的品种进行交易？

杜小东：我一般选择两个强势品种，以其中一个为主。当然如果盘中遇到平静时，就会选择其他活跃品种。而**我选择的主力品种一定是成交活跃和波动较大的，比如橡胶和棉花就是我的主打品种**。

问题12：短线交易如果不隔夜就没有隔夜风险，因此很多短线交易者仓位会比较重，您的仓位一般是怎样的？

杜小东：我很不赞成重仓交易，因为根据我的实战经验，重仓很易犯错，而且无回旋余地。实际上**短线强调一个快字，虽然是轻仓，但反复快进快出，只要胜率高，其实也很赚钱**。我在短线的成功交易多是以1／8到1／4的开仓来完成的，而且胜率也很高，一般能达到80%以上，但一旦仓位重了，就没那么好了。**我总结了自己的交易行为，所有重大损失都来自于重仓，而绝大部分盈利都来自轻仓的快进快出和多次的积累**。

问题13：另外，您做期货的资金占您总资产的比例大约是多少？其他资产是如何配置的？

杜小东：当然，我必须得留有足够资金以保障家庭生活水准不下降，而余下的资金几乎都用在了期货中，应该在50%左右或多一点。实际上我这人也是比较另类一点，**期货投资可以说是我最擅长的，正因为如此，我现在很少把资金配置到其他方面，我的原则就是集中精力做我擅长的事情，期货是我投资的最爱**。虽然我集中于期货，但账户里实际参与交易的资金一般都会控制在1／3内。所以风险也就不那么可怕了。

问题14：不少交易者在做交易时为自己制定了严格的规则和纪律，您有没有类似的做法？您能否严格遵守自己定下的规则或纪律？

杜小东：如果要做规则和纪律，我只有一条：就是严格控制仓位。但就是这样一条纪律也经常被我自己打破，这应该就是我做期货最不成熟的地方了。不过依我的性格，实际上我很少给自己定纪律。**你知道水是无形的，我觉得期货的波动也如同水一样，所以我喜欢天马行空的感觉**。故我的邮箱地址是以水的分子式开头的。

问题15：您日内短线做过螺纹、铜、橡胶、棉花、白糖等品种，这些品种中您哪个品种赚得最多？哪个品种赚得最少？您觉得是什么原因造成您操作不同品种盈利不同的情况呢？

杜小东：赚得最多是橡胶，其次是棉花，亏得最多是白糖。因为橡胶和棉花的市场参与度高，跟基本面和技术面密切相关，而白糖由于受到几大现货商的控制，其技术走势与市场波动的一般规律在较大程度上并不相符，加之操作比较少，所以在白糖上亏得比较多。其他品种做得比较少，但盈利品种也还是多过亏损品种。

问题16：股指期货的流动性不错，波动率也不算小，您有没有参与？做得如何？

杜小东：一开始也做过，但手续太贵，加上保证金太高，不利资金运用，最后就很少做，也只能是打个平手了。

问题17：2010年11月，各大交易所手续费提高了手续费，这对您的短线交易是否有损害？您交易的盈利难度有没有加大？

杜小东：手续费对短线交易当然有很大影响，以前做橡胶20~30个点就可以了，现在如果预期没有100点的空间是不做的。**盈利难度确实大了不少，以前只须集中做短线就是了，现在却要尝试波段和趋势**，所以我经历了期货史上5个月没有创出资产新高的最长时期，以前资产在遇到调整时最多也就是3个月就创出了新高，而如今确实有些难度。

问题18：在高手续费的背景下，您有没有想过改变自己以短线交易为主的模式？为什么？

杜小东：我目前正在尝试，这也是为什么我的资金遇到调整需要5个月来实现突破的原因。但**尽管手续费高，只要我回到短线上来，仍然很成功**。所以我也不担心未来的盈利能力，之所以要尝试其他方式，也只是想要在交易模式上看能不能有新的突破罢了。

问题19：您的微博名是“忧国忧民杜小东 ”，您在微博中会谈论国家大事、纵横世界格局。您觉得自己是个爱国者吗？您觉得一个爱国者应该具备哪些条件？

杜小东：谈到微博名，就要谈到我的性格和我这几年的思想成就。

首先，我能肯定我是一位爱国者，从我博客就不难看出。而爱国者应该具备什么样的条件，这是个见仁见智的问题。对于我来说，**我只希望能把自己思考出来的最正确的想法告诉国家领导人，并为国家和人民带来实实在在的好处，这样，我的人生就不缺乏辉煌了**。而关于我这几年来的思想成就，则是我最得意和津津乐道的。记得在今年一月份东航金融的一次大会上我就说过，**我最主要和得意的成就并不在期货方面，而是在对宏观经济的思考**。这说来话长，你也可以从我博客中找到一些答案，以后有机会再当面聊。

问题20：您是“潜龙出渊”2008~2009期货实盘大赛最佳流动奖，“蓝海密剑”2009~2010期货实盘大赛成交金额第一名，为这项大赛贡献了较多手续费。您做短线交易会不会上瘾？是不是一天不做十几、20个来回就不爽？您一天最多做几个来回？

杜小东：我不是一个耐得住寂寞的人，所以我好动，只要有机会，我就会出手。所以我交易着，我就快乐着。至于一天多少回合，不一定，少则几次，多则八九十次，一般一天20回合左右较常见。

问题21：您的交易模式最大的资金容量是多少？目前有没有遇到资金规模方面的瓶颈？

杜小东：当然，**在资金有限的情况下我只能跟随市场走，做一个战场上的英雄，但其实我更喜欢做一个战略指挥家**。如果在3年前，中投公司能分我几百亿去操作，我应该能为国家创造上千亿美元的财富了。这绝不是大话，两年半前，也就是2009年初的时候，我就说过铜将在3年内创新高，如今伦铜已兑现了，而在那时，在极度悲观的时刻，试问中国有几人敢如是说？而我对国家外汇管理的极度不满也在于此。以后有机会再详细讲述。

问题22：有人说市场唯一可以确定的就是不确定性，有人说市场是不可预测的，那么您觉得到底有没有成熟的理论思想来把握商品大趋势？

杜小东：我的答案是有，我自己总结为以下几条：

①物极必反的哲学思想。请不要以为这是一个空洞的理论，如果你懂得一些心理学，当你能够感受到这个市场的极度恐慌或是兴奋时，把它作为一种信念，绝对正确，而且也非常有用。股市在6000点，棉花在34000元，橡胶在40000元都给了我们很好的证明。

②强弩之末的自然规律。结合自然现象和商品价格运行轨迹不难找到它们的共性。

③动能势能相互转化的物学定律。把物理学定律化成对商品运行规律的总结就是价格上升的越快越高，则在调整时其反向特征也越明显。如果你有心不妨去统计一下，一定能发现。

④价格与供应平衡的市场规律。这是经济学常识，不必多谈。

⑤历史走势的样本参照。是的，历史就是一本教科书，**对未来的判断，其实多是历史带给我们的启示**。

问题23：如果要您推荐几本书，您会推荐什么样的书？

杜小东：不做推荐。因为**几乎所有成功人士的经验都是来自于对自己过去经验的反思和总结**。放弃自己亲身体会过的历程而寄希望于在并不为自己熟悉的别人的经验中找到体会，就如同是看海市蜃楼一般。没有哪一位大师的著作不是基于对自己成功与失败的经验的总结。既如此，我们为什么不先对自己做深刻反省呢？当然，不是说别人的经验不可取，这是一个主与辅的问题，我的意思是**你首先要确保对自己洗心革面地改造，然后才是借助于别人的经验来完善自己**。现实中我所见到的成功人士无不如此，这也包括我自己。

问题24：做期货是孤独的，有共鸣者便是缘分了。在中外期货市场的大师、高手中，有没有您特别欣赏的？

杜小东：是感觉有些孤独，**总觉得国内还没有真正大师级的人物，如果有，我愿与他同行，在国际上与华尔街的人物们拼一下，也为中国人挽回些尊严**。

问题25：您作为一个专职交易者，在如今这样期货市场大发展的大背景下，您的下一个目标是什么？打算如何实现这个目标？

杜小东：现在对我来说赚多少钱已不再成为我的计划和目标，而我的宏伟目标就是要颠覆华尔街，重建国际金融秩序，让世界在有序的经济秩序中求得平衡发展。我更希望中国人变得智慧和强势，能在未来的资源战中取得优势，为13亿中国人民带来福祉。

问题26：短线交易是比较累人的，您在交易以外会有哪些方面的兴趣爱好或娱乐活动？

杜小东：健身、游泳、球类运动、旅游兼考察，兴趣比较广泛。

梁任：做期货要有愚公移山的精神

（2011年7月4日　沈良整理）

梁任： 10多年股票投资经验，3年期货投资经验，擅长趋势交易。在“蓝海密剑”2009~2010年度期货实盘大赛中，以975%的成绩取得所有选手收益率排名第三名的好成绩。

访谈精彩语录：

从某种意义上讲，它可以让你一夜暴富，也可以顷刻之间让你一贫如洗。

在某些时候，我们甚至要面对着高风险，但却长时间没有带来高收益。

期货有股票无法比拟的好处；同样，股票的一些优点也是期货无法超越的。

要有愚公移山的精神。就是不达目的不罢休，要自信，不信书本，不信专家，只信实际。

期货一旦方向出错，一定要及时止损，不能加仓降低成本，更不能死扛，无数的爆仓者都是死在死扛上面。

十几年的股票投资收益率远比不上期货3年的收益，但正因为有这十几年的股票投资经验，才让我在期货3年的投资中，相对比较顺利。

我一般是看长期趋势，做短期交易，一般持仓是2~5天左右。

盘感不是胡乱猜测，而是长期实战形成的一种悟性。

我是确定亏损幅度为止损信号，一般设定为资金量的5%~10%，

有时可能止损会是错误的，但没有关系，因为风险已经牢牢的把控住了。

成交量大就表明有人气，有人气，那它的图形走出来就有活力。

如果你连所做的品种的性格、脾气都不知道是怎么回事的话，那又怎么盈利呢？

尤其欣赏ST大豆和大海投资。

我的瓶颈在于：日内交易相当的差劲，而且一旦巨大亏损，会影响相当一段时间的心态。

商品市场在经过2011年2月开始的下跌的行情后，我认为大宗

商品即将展开月线级别的大C浪上升，突破时间应该是在8月份。

我个人认为，中国通胀已经处于失控的状态。

个人盈利怎么样，完全在于自身能力问题。

期货资产管理，为整个期货市场带来了机遇，但同时也带来了挑战。

问题1：梁任先生您好，感谢您在百忙之中接受期货中国网和东航金融的联合专访。您做期货的时间不长，只有两三年，而做股票已经十几年了，您是在怎样的际遇下接触到期货并参与期货交易的？

梁任：第一次接触期货应该是在2006年底的时候，当时和几个朋友买了云南铜业这只股票，所以就自然而然的接触了铜期货，当然之前对期货有一定的了解，但很皮毛。**真正参与期货交易是在2008年金融危机后的11月底开始的，之所以这个时候参与交易，是看到铜、燃料油、橡胶等，跌得很惨，想抄底**，再加上我当时在期货公司的朋友的鼓动，就进去了。

问题2：对投资者来说，您觉得股票和期货最大的差别是什么？

梁任：最大的区别应该是:股票你一买，跌了，然后你就被套了；而期货呢，你可以买卖明天的价格，涨跌都有赚头。当然了，期货的风险也是巨大的，由于期货是高杠杆、双向交易、保证金制度，从而使其具有了高收益、高风险的特点，**从某种意义上讲，它可以让你一夜暴富，也可以顷刻之间让你一贫如洗**。而且，**在某些时候，我们甚至要面对着高风险，但却长时间没有带来高收益**。所以，对于投资者而言，在面对期货交易时，一定要慎之又慎。

问题3：对您个人而言，更适合做股票还是做期货？为什么？

梁任：到目前为止，我觉得我不能说更适合哪个，应该是两者皆适合。股票和期货对于我来说，应该是各有千秋。**期货有股票无法比拟的好处；同样，股票的一些优点也是期货无法超越的**。两者长短互补，就能降低整体投资的风险，同样也可以让收益更稳定地增长。当然这是纸上谈兵，实际操作肯定有难度。

问题（补充）：股票的哪些优点是期货无法超越的？

梁任：非保证金交易制度，让很多非职业投资者避免了暴仓的危险；国家经济增长的快慢、宏观政策的走向在股市更能体现出来；它能为中国数以千计的企业提供一个良好的融资平台；由于**没有特定到期日**，让投资者能够长期持有成长良好的上市公司股票，带来稳定的收益。

问题4：您个人现在在股票和期货上的资金配置比例是怎样的？还有没有配置其他金融资产？

梁任：目前，**在期货、股票及其他金融资产在资金上的配置比例，大体上是二五三，期货是二成，股票五成，基金三成**，没有做其他金融资产的配置。**之所以没有在期货上加大资金投入，主要是这3年来，一直处于盈利状态，加大资金投入就提高了我的资金成本，风险放大，容易束手缚脚**。股票毕竟是做了十几年的东西，要熟练一些，所以所占比重要大。基金主要是为了分散投资，降低整体投资风险，主要买一些保本型的，收益很低。

问题5：以您做股票10多年的亲身经历和感悟，您觉得一个普通投资者想要在股市获得成功需要具备哪些方面的条件或素质？

梁任：要有一个良好的心态和严格的自律性。股票市场时时刻刻都充满着各种各样的诱惑，而我们每一个股票投资者都是凡人，有着各种各样的弱点。在这纷纷扰扰的股市中，要随时保持平常的心态，不因赚钱而骄傲，不以亏损而忧愁，做好计划，“在计划中去交易，在交易中去计划”。同时，要加强自身能力的提升，比如对宏观、微观面的把握，对基本面分析和技术面分析能力的提升，等等。

问题6：而一个能够盈利的股票投资者要想成为能够盈利的期货投资者，是否还需要在某些方面更进一步？

梁任：要有愚公移山的精神。**就是不达目的不罢休，要自信，不信书本，不信专家，只信实际**。不要因小失大，不患得患失；对于原则上的事情要坚持；对于认准的事情，要勇往直前，绝不犹犹豫豫，绝不拖拖拉拉，绝不畏首畏尾；要言必行，行必果。同时，**我们在期货投资中要找对方法，期货投资重要的在于“法”，正所谓有勇有谋，才是制胜法宝**。我们来期货市场就是为了赚钱，那么我们就要思考怎么才能赚钱？要思考为什么会赔钱？如何才能做到赔小钱赚大钱？如果我们把这些琢磨透了，那我们在期货市场中离赚钱就不远了。最后还是那句话，“在计划中做交易，在交易中做计划”，同时面对市场的波动，头脑要随时转换，随机应变。做好自己喜欢的品种的基本功，包括技术面的分析、品种自身基本面的分析、外盘市场的研判、国内外的一些重大事件的研判，等等。由于期货不像股票，套了可以死守。**期货一旦方向出错，一定要及时止损，不能加仓降低成本，更不能死扛，无数的暴仓者都是死在死扛上面**。

问题7：您是在金融危机之后才开始做期货的，时间并不长，却获得过很高的收益，而很多投资者做了3年、5年，甚至10年都还处在亏损阶段。您觉得您做期货相对比较顺利的主要原因是什么？是股票的基础？是行情好？是运气好？是悟性高？还是其他原因？

梁任：十几年的股票投资收益率远比不上期货3年的收益，但正因为有这十几年的股票投资经验，才让我在期货3年的投资中，相对比较顺利。当然也有运气成分，因为我是金融危机后入市的，所以相对的市场风险就低得多。加上2009~2010年底，基本上就是一个牛市行情，才使我这3年相对比较顺利，**就其个人在期货上的能力来说，我只能算是一个初出茅庐的新手罢了**。

问题8：您做期货主要是做趋势交易的，您捕捉的是短期趋势，还是中长期的趋势？您一般持仓多少天？

梁任：无论是巴菲特还是索罗斯、罗杰斯也好，还是我们国内在股票和期货市场上的成功者也好，他们投资都有一个共同点：趋势交易。所以，**我一般是看长期趋势，做短期交易，一般持仓是2~5天左右**，当然，有时要做一些日内交易

问题9：您如何判断一波趋势的开始和结束？

梁任：这要结合两方面来分析，包括基本面和技术面。基本面我个人一般是看商品是处于淡季还是旺季，同时宏观上处于一个什么时期；技术面，一般是看相对强弱指数、KDJ、MACD等技术指标，包括在量能上的配合怎么样。但很多时候行情都是瞬息万变的，就我个人而言，除了结合基本面外，**很多时候靠的是一种盘感，盘感不是胡乱猜测，而是长期实战形成的一种悟性**。

问题10：您会在一波趋势的哪个阶段进场？哪个阶段出场？

梁任：这里以上涨趋势为例。**一个上涨趋势在最后反转之前会有多次回落调整，如果总是习惯于把这种回落判为反转，那么你以此为根据交易的次数越多，错的次数就越多；相反的我们把这种回落每次都作为调整对待，回落结束都开仓做多，胜率就大的多，只有最后一次真正的反转我们的交易会止损**。这是对我这种波段交易

者而言，至于做大趋势的交易者就是要利用每次回落结束加仓，直至趋势反转平仓。

问题11：如果市场证明您的进场是错的？您如何止损？如果市场证明您的进场是对的，您会不会加仓？

梁任：我是确定亏损幅度为止损信号，一般设定为资金量的5%~10%，一旦亏损幅度达到5%，就一定会做减仓，达到10%，则全部止损，绝不留恋，也不幻想。当然**有时可能止损会是错误的，但没有关系，因为风险已经牢牢的把控住了。如果市场证明我的建仓的方向是对的，加仓是经常的**，但也要看处于什么情况之中，如果行情处于极度疯狂之中，加仓是不明智的。

问题12：您用技术分析和基本面分析相结合的方法，具体以哪个为主？哪个为辅？

梁任：应该说是**以技术面为主，基本面为辅**。技术面主要是看：RSI数值是处于什么数值，如果是低于20，一般不考虑做空，高于80，不考虑做多；同时，还要参考MACD和KDJ金叉、死叉的形成情况以及日K线图量能和价格的配合。当然，**一切技术面都有一定的滞后性，不能一概而定，还得在具体行情中根据实际情况具体分析**。

问题13：您也做过一段时间的套利，但后来不做了，为什么不做套利了？是嫌套利的效率低？赚钱慢？还是其他原因？

梁任：主要是个人在这方面的能力上相对欠缺，对强弱品种的选择上经常判断失误。没有其他原因。

问题14：您主要做铜、橡胶、棉花、塑料这些品种，您选择主要做这些品种而不是其他品种的原因是什么？

梁任：主要是**这几年都做的是这些品种，比较熟练，也容易把**

握它们的脾气。这些品种日内波动幅度，同时成交量相对其他品种要大得多。**成交量大就表明有人气，有人气，那它的图形走出来，就有活力**。盈利的空间也要大得多，当然亏损的空间也大。

问题15：您是否觉得不同的品种有着自己的性格、脾气，只有摸清了它的性格，顺着它的脾气，才能持续盈利？

梁任：这个是一定的。正所谓“知己知彼，百战不殆”，**如果你连所做的品种的性格、脾气都不知道是怎么回事的话，那又怎么盈利呢?**

问题16：您参加了“蓝海密剑”2009~2010度期货实盘大赛，并取得了收益率排名第三名的好成绩。您参加比赛的主要目的是什么？您是否喜欢比赛中你追我赶的氛围？

梁任：我说话就比较直接，主要目的就是拿奖金，没有其他目的。呵呵！呵呵！

当然对于比赛中的你追我赶的氛围，我是比较喜欢的，能够增强斗志，激励自己。

问题17：近几年来，从几个期货实盘大赛中冒出一些交易高手，是他们创造了一个又一个财富神话，在这些高手中，有没有您比较欣赏的？为什么？

梁任：比较欣赏的选手很多，像ST大豆、周伟、王向洋、大海投资等等，**尤其欣赏ST大豆和大海投资**。大豆先生是做套利的，稳定而优美的曲线图，让我佩服得不得了；大海投资的曲线图稳定向上，并还有接近10倍的收益，也绝非一般人。**还有就是比较欣赏我自己**，呵呵呵。做了3年了，自我感觉还是比较可以了，虽然有时甚至经常一段时间会出现连续亏损，但每年的收益都还是不错的。

呵呵，过于自信了。

问题18：听说您今年的期货交易成绩没有去年那么好，您觉得交易成绩下滑的主要原因是什么？您感觉自己主要在哪些方面遇到了瓶颈？

梁任：今年最高净值最高达到过5.0，目前为1点多的净值，确实这几个月做得不好，自我觉得**下滑的主因在于：频繁的日内交易亏损，严重影响心态，导致胡乱下单，出现亏损**。自我觉得，**我的瓶颈在于：日内交易相当的差劲，而且一旦巨大亏损，会影响相当一段时间的心态**。这也是我思考了很长时间如何突破这个瓶颈的问题。

问题19：您觉得自己在期货市场的下一个突破将在何时？

梁任：商品市场在经过2011年2月开始的下跌的行情后，我认为大宗商品即将展开月线级别的大C浪上升（我把2009年1月到2010年3月的上升看成是A浪，2010年7月到2011年1月的上升看成是B浪），**突破时间应该是在8月份**，当然这还要看实际行情的演变，这只是理论上的判断。之所以判断大宗商品还会展开月线级别的大C浪上升，一是从技术层面判断，以LM铜和原油为例，其月线处于多头排列之中，但还没有进入加速行情；二是**我个人认为，中国通胀已经处于失控的状态**。货币滥发的结果会有几个阶段：通货膨胀（我们经历了）——恶性通胀(即将来到，为什么这么说?以猪肉价格为例，这几个月是处于淡季，但价格却一路上行，连创新高，下半年旺季来了，怎么办？)——可能的社会危机（“2012”要来了，这个懂的，我们小老百姓不能谈这个问题）。

问题20：近几年来，随着期货市场的高速发展，专业投资者的比例逐步上升，同时整个投资者群体的水平也有所提高，这是否会导致单个投资者、单个团体、单个盈利模式会越来越难盈利？

梁任：我觉得这个是不会影响的，因为**个人盈利怎么样，完全在于自身能力问题**。专业投资者比例逐步上升，反而更能让期货市场朝着更健康的方向发展。

问题21：期货投资咨询业务已经推出，期货CTA业务正在探讨，公募基金期货专户理财已经小范围铺开，私募基金期货信托的正式开闸是预期中的事情，您对中国期货行业的资产管理业务有哪些方面的期待？

梁任：期货资产管理，为整个期货市场带来了机遇，但同时也带来了挑战。它给各期货公司、咨询机构带来了更为广泛、更为深层次的竞争。相信在未来的期货市场，资产管理业务会带来了更为分化和差异化的竞争；会促使各期货公司不断提高自己经营管理水平，加大业务能力的提升；更能体现优胜劣汰，达到强者恒强，弱者恒弱。从而**促成整个期货行业朝着更为良性的方向发展**。

倪伟更：波浪识别+资金管理=成功交易

（2011年7月10日　沈良、章水亮整理）

倪伟更： 上海人，20年股票投资经验，2年多期货投资经验，也做过权证。做过电脑、建材生意，做过房产投资，也到国外做过生意。现在专职做金融投资，兼做点房产投资。做波段交易，以技术分析为主，比较喜欢做上海期货交易所的橡胶、金属类品种。

在“蓝海密剑”2009~2010期货实盘大赛中赢利额（286万元）在全部选手中排第三名，并且在2010年8月6日至9月6日以344.50%的成绩打破此前321.72%的月度盈利记录。

访谈精彩语录：

我现在不做满仓，赚了钱我会把资金拿点出来。

我也是在实践，而不是纯粹为了赚钱，我是把股票的波浪理论用到期货，然后再加上资金管理。

总体上来说，我现在还是个期货小学二年级的学生。

股票点位看准了以后可以一下子重仓，期货一开始最好用小资金做，哪怕你点位看得很准，也需要一点点去建仓。

在底部和头部的时候会稍微辛苦一点，要考虑逐步地建仓、平仓，在波段当中的时候我反而很轻松。

输钱不输仓位，最后还是赢钱。

期货和股票的盈利难度差不多，但是盈利速度是期货更高。

不会做的人去做股票也是会输钱的，会做的人去做期货也是会赚钱的。

金融投资的最大的好处就是不限制年龄，到了八九十岁还能做。

做期货对人生有促进作用，跌的时候对人是一种考验，涨的时候实际上也是一种考验。

做到涨跌都不会让自己欣喜若狂和恐惧的时候，我想差不多该毕业了。

我现在克服风险的方法是分散投资。

有时候我会去澳门体验一下赌博的心态，这个对做期货也是有好处的。

做期货肯定是有风险的，能够盈利是最好的，万一输的话一定要有退的空间。

期货中，要赚大钱就要做多，所以他基本上是只做多不做空，他怎么赚钱呢？他有一个最好的方法，就是等待，等待牛市的出现，一旦牛市出现，他抓住就狠狠赚上一笔。

各种各样的人，掌握了各种各样的手法，只要掌握了对的手法，都能赚钱。

我看参加东航比赛的大多数人都喜欢做趋势，但他们大多数人都不会转弯。

万一是在震荡，一会儿上去一会儿下来，做趋势的人可能就不是在赚钱，而是在亏钱。

我所有操作都遵循一个原则，就是波浪，波浪符合条件我才做，波浪不符合我就休息。

我不仅看日K线，也看周K线、月K线，还看分时图。

我在研究最小的浪，也就是分时浪。

我看了很多书，我认为最正确不变的方法就是波浪。我相信认为它对的人，肯定是根据它的方法做对了，认为它错的人，实际上没有根据它的方法做，或者没有完全领悟到。假如真的领悟到了，你这辈子钱就花不完了。

做波浪的同时，我会结合看其他指标。

这套方法相当于是我自己摸索的。

我是一个善于总结的人，每次输钱和盈利我都要总结，总结完了以后会慢慢形成一个很明确的操作方法。

浪数对了，回调浪也是能赚钱的。

我现在一般做3个品种，起码是50%仓位做比较稳的品种，25%做波动比较大的，25%机动。

我认为是底部的话，仓位会比较重，但如果认为是在波段当中的时候，包括在头部该止盈的时候，我的仓位会比较轻，判断不明的情况下，我的仓位也会比较轻。

股指期货比较难把握，因为里面大庄比较多，一会儿拉高一会儿拉低。

你大亏，甚至亏光离场了，可能是没有总结经验教训。

我想把波浪的手法用到期货上，当然一定要结合资金管理，相信应该会成功的。

现在保证金比例提高后，我自己最大的感触就是回撤的时候心不是很慌了，反而这样更好做。

资金量弄得再大，在期货里面也是“小弟弟”，而且越大越容易出事情。

每个人做期货，一开始做小一点，哪怕只盈10000元、50000元，慢慢做，等到你盈到一定的钱了，你亏得起了，可以加重仓位。

我在做股票的时候就一直听外面有人说做期货能做成亿万富翁，当然亿万富翁也可以做期货输光，我不愿意做后者，我想做前者。

假如说我这个方法在这三五年里面证实是很成功的话，那我也希望向私募基金经理的方向发展。

我希望我的方法可以给其他人带来更好的收益，大家发财比较好。

问题1：倪伟更先生您好，感谢您在百忙之中接受期货中国网和东航金融的联合专访。您做股票20年了，做期货才2年多，但您期货做得也很好，您在期货方面不错的业绩有赖于您多年股票的投资经验，请问您做期货的手法是否源于股票？请您简单说一说您做股票和期货的投资理念？

倪伟更：我做股票做了20年，一开始是运气好，进去之后正好赶上一波牛市，后来也有回撤，从30万元做到300万元，回撤到100多万元，然后开始接触权证。权证有配股感觉比较好，当时有个权证叫“悦达投资”，买进的时候是1元钱，但是我认为还能涨，没想到最后一天1元跌到了0.5元，就这样被迫做长线，持有了股票。之后放了6年，翻了几倍出来，所以对权证特别有感觉。后来做股票做得比较稳健，盈利相对来说也不错，从一开始做到最后将近翻了100倍，积累了一些资产。在2008年的时候，股市在3480点左右时我出来了，感觉股票赚不了钱了，没事情可干，这时正好碰到我弟弟在做期货，他说做期货和权证是一样的，也可以当天买进卖出。**我当时认为股市跌的话期市也应该是跌的，所以我一开始做期货就是做空，不停地做空**，当时身上稍微有点钱，也不怕，没想到期货是不怕钱多的，钱越多输得越多，所以一开始做得蛮惨的，2个月里面输了几十万元，之后就发现期货不是这么一回事，就慢慢去看书学习。我看盘时间蛮长的，有时看到凌晨两点，虽然我外盘不做，但我还是会看。我做过股票，对金属比较熟悉，我当时觉得金属股涨，期货也应该是涨，金属股跌，期货也应该是跌，但是实际上这不是绝对的。

通过第一年的实盘操作，我慢慢掌握了点技巧，点位还是抓得比较准的，但是在资金的用法上有点问题。去年有一波，我一个月里面赚了比较多，正好是用我擅长的波浪识别，这波行情又符合我的做法，所以变成了涨也赚钱，跌也赚钱。后来我又一次回撤，回撤之后我再总结，总结之后，今年1月7日我又进场，用小资金做，启动资金10万元（后来又加资金），慢慢做慢慢赚，现在是有点感觉了，基本上你看我的资金曲线，都是一波比一波高，因为我的资金用法开始控制了，不像以前一直做满仓，**我现在不做满仓，赚了钱我会把资金拿点出来**，为什么呢？因为我做股票有个最大的缺点：永远满仓。不一定是我本身的性格问题，而是20多年的操作习惯，看对趋势了就永远满仓。而做期货，万一国际形势一变或国内政策一变，走势反向以后很容易受伤。所以唯一的方法就是把做期货的一部分钱挪到外面，就这样做着做着，我的感觉来了，从几万元到几十万元，再到100万元左右徘徊，徘徊以后我看到一波空，感觉空的时候到了，就做进去了，就赚了100多万元。这一波上来我找到一个很好的品种，波浪里面有上升第一浪和第三浪之分，我第一浪赶上了，也回撤了，但我感觉做对了，接下去就一直加仓，这波上去就赶上了第三浪，筹码的比例大，所以一下做到了300万元。**我也是在实践，而不是纯粹为了赚钱，我是把股票的波浪理论用到期货，然后再加上资金管理**，两年下来，总结出了资金该如何去运用，现在基本上能做到八九成的盈利把握。不过**总体上来说，我现在还是个期货小学二年级的学生**。

问题2：虽然您期货的交易手法来源于股票的交易经验，但期货的交易规则毕竟和股票有较大的不同。请问您做期货和做股票在细节处理上是否有所不同？主要有哪些方面的不同？

倪伟更：股票点位看准了以后可以一下子重仓，期货一开始最好用小资金做，哪怕你点位看得很准，也需要一点点去建仓。我现在的建仓方法是：把点位控制在5~10个，每10个点加一次仓，金字塔型的，下面大，上面小，这是第一波下单。第一波下完，分两种情况：一种是底部已经抓到了，还有一种就是确认底部还没有抓到，又下一波。但是我第一步建的仓原则上就不动了，因为我准备好后面还要再加三次仓，有时看上去差不多了，但又下去了，怎么办？那就再下面低一点加仓，除非我的判断全部错误才会不做，止损还是要的。期货有个很大的好处就是盈利也可以加仓。所以在底部区域，我三次加仓里面有一次是对的，反弹时候就会把前两次亏的都补回来，你的钱又变多出来了，那时你可以分一部分钱再加仓，均价就是在第二次附近，一旦底部抓住之后我的仓位就不动了。我现在是这样做的。

问题3：就您个人而言，更喜欢做股票还是做期货？为什么？

倪伟更：我现在感觉更喜欢做期货，但股票也同时在做。做股票对我来说已经是得心应手了，我的交易次数很少，我是底部区域买进，头部区域卖出，因为我是看波浪的。期货比较有事情干，但我现在也不是很辛苦，**在底部和头部的时候会稍微辛苦一点，要考虑逐步地建仓、平仓，在波段当中的时候我反而很轻松**，有几天是一单也不动，一手也不抛，属于休息阶段。**输钱不输仓位，最后还是赢钱**。

问题4：有些朋友认为做期货的难度要远高于股票，在股票市场能盈利的人在期货市场未必能盈利，您认同吗？您觉得期货和股票哪个盈利难度更高？为什么？

倪伟更：期货和股票的盈利难度差不多，但是盈利速度是期货更高。因为**不会做的人去做股票也是会输钱的，会做的人去做期货也是会赚钱的**，关键要总结，多看看书。

问题5：您以前主业是做电脑、建材等生意的，而现在专职做股票和期货了，房产投资也只是兼做，请问您在职业上为什么做这么大的转变？对您来说，金融投资的最大魅力是什么？

倪伟更：金融投资的最大的好处就是不限制年龄，到了八九十岁还能做，我看到一个90多岁的老人还在做，这对我的启发是蛮大的。现在的生意比以前难做，特别是在中国，都是唯利是图。以前我做生意是做台湾品牌的，感觉费用比较大，不适应。原想到了一定的年纪想做成很大的企业，现在看来离这一步可能比较远了。

我做股票20年，感觉在金融方面学到一些窍门，经过这20年也证实我确实赚到钱了。虽然期货只做了2年，但是现在也总结了一些方法，而且感觉**做期货对人生有促进作用，跌的时候对人是一种考验，涨的时候实际上也是一种考验，做到涨跌都不会让自己欣喜若狂和恐惧的时候，我想差不多就该毕业了**。我现在慢慢接近。我觉得期货可以再做二三十年，可以做到老。

问题6：金融投资确实是充满魅力的行业，但是也充满着风险，您所认识到的风险主要有哪些？就您个人而言，这些风险您能很好地克服吗？

倪伟更：我现在克服风险的方法是分散投资。同时做股票，在股票里面的资金比例大一点，还做房产投资，房产就像养老保险，租金收入是比较稳定的，它可以使我的家庭保持比较富裕的状况，包括小孩出国读书、家庭每年的出国旅游、太太要买点东西等等，我们男人实际上是花不了多少钱的。**有时候我会去澳门体验一下赌博的心态，这个对做期货也是有好处的**，我倒比较赞成做期货的人到澳门去参与参与，因为有很多方法是值得借鉴的。我的资金管理，有一部分就是这样学来的。

做期货肯定是有风险的，能够盈利是最好的，万一输的话一定要有退的空间，进去多少钱，最多亏多少钱我就不做了，万一碰到这种事就休息一会儿。因为其他地方还能赚钱，股票的钱是输不完的，只要你放着，是不会变零的。像房产我有租金收入，所以不会影响家庭生活，在这个基础上去做期货会比较好。

问题7：其实您们总共是兄弟四个，您还有一个弟弟也是全职做投资的，您对他的交易手法了解吗？您觉得他和您最大的不同点是什么？

倪伟更：对他的手法有点了解，是我弟弟带我做期货的，没有他带，我也不会做期货。他的手法已经很成熟了，他做了20年，相对来说，他是一个“大学生”了。他一开始也有暴仓现象，但是都是小资金，做了几年后渐渐找到方法了，之后我所知道的就是他每年都有盈利，连续十几年盈利。他的总资产可能没我多，但他的消费理念都在我之上，比如每年出国旅游、考察都要十几次。**期货中，要赚大钱就要做多，所以他基本上是只做多不做空，他怎么赚钱呢？他有一个最好的方法，就是等待，等待牛市的出现，一旦牛市出现，他抓住就狠狠赚上一笔**，然后平时基本上就是休息，所以说他是属于“大学生”级别了。像我们还是“小学生”的级别，最好天天做，他可以做到做与不做都一样，而且很多时候可以不看盘，这个水平我相信在期货界内不多，所以他的账号里有500多万元可以不回挡，这就是水平。

问题8：如果您和您弟弟在期货方面PK一下，谁更厉害一点？哈哈。

倪伟更：就目前而言，肯定比他差，心态方面就比不上他。不过我在外面还有其他资产在赚钱，在这方面又比一般人要好一些。

假如说我用的方法恰当，将来我可能比他赚得更快。为什么呢？因为他只做多，我既做多也做空，我是做波浪的，假如波段全都做对的话，肯定是比他厉害的。当然，假如波段做错的话，一正一反对冲了，盈利就比他少了。不是绝对的，只能是相对的。

问题9：期货市场是一个包容性很强的市场，众多的成功者使用的往往是不同的手法，您如何看待不同的手法都能在市场中获胜的现象？

倪伟更：关键看你如何掌握手法，**各种各样的人，掌握了各种各样的手法，只要掌握了对的手法，都能赚钱**。**我看参加东航比赛的大多数人都喜欢做趋势，但他们大多数人都不会转弯**。每天排名前几位的我都会看一下，他们在转弯的时候（什么叫转弯？就是在涨的时候转身跌了，或者跌的时候转身涨了），他们的反应总是慢一拍，这个跟等趋势出来再做的操作习惯有关。不过他们这个方法还是都能赢钱的，就是不能赢得较高比例，因为在转弯的时候是要把他们原来的盈利抹掉一部分，再等到趋势出来的时候再进去。假如说每次转弯都是小转弯，比如大趋势是往上，回撤是短的，他们都没事。但是**万一是在震荡，一会儿上去一会儿下来，做趋势的人可能就不是在赚钱，而是在亏钱**。所以说趋势的方法也应该需要改进，除非能在震荡的时候仓位保持很低很低。

问题10：另外，对于那些使用不同手法的高手，您会不会研究他们的方法？主动和他们沟通、交流？

倪伟更：应该会的。有时候和一些高手在一起吃饭沟通过，**他们很多方法都值得我学习，像郑加华的大资金运作**，他上次一波行情个人盈利可以达到2000多万元，团队盈利将近2个亿，肯定是我学习的方向。还有**周伟的程序化交易，他最大的优点就是品种多，可以对冲**，我现在在做的品种也在增加，我以前只做1~2个，现在做3~5个，确实有好处。还有**ST大豆的套利方法，也是值得我学习的**，原来我只会单向操作，这段时间，我也开始做一些对冲，就是说这个品种在做多，那个品种在做空。但是我有一个原则，我是从波浪里面去找出该做多还是该做空。还有**日内交易，像杜小东，他**

绝对是一个高手，我现在也做一点日内交易，因为你一部分资金空在旁边，做一点心态会更好。但是**我所有操作都遵循一个原则，就是波浪，波浪符合条件我才做，波浪不符合我就休息**，我一直在改进。还有**这次比赛最值得学习的就是大海投资，她稳健，回撤少，**我觉得她这次会得到最好的成绩，我觉得她是我最强的竞争对手（针对比赛而言）。

问题11：您是做波段的，大概做多长时间的波段？

倪伟更：波段分大波段和小波段。假如我看准的话，我会做到主浪一波结束才会平掉；假如我判断准确的话，哪怕是在回撤，我只会移仓，不会减少仓位。我上一波行情虽然有出现一次回撤，回撤的时候我就是在做移仓，而且是一边移仓一边加仓，那次是做得很成功，相信我以后还会有。**我不仅看日K线，也看周K线、月K线，还看分时图**，白天的时候是看分时图，中午收盘和晚上的时候日线、周线和月线都看。

我在研究最小的浪，也就是分时浪，所以我有时候抓得比较准。但是有时候也抓不准，也有风险，毕竟浪里面还有变化，有些是双“V”，有些是“W“的，但总趋势是不变的。**我看了很多书，我认为最正确不变的方法就是波浪，**100年前就有人研究出来了。**我相信认为它对的人，肯定是根据它的方法做对了，认为它错的人，实际上没有根据它的方法做，或者没有完全领悟到。假如真的领悟到了，你这辈子钱就花不完了**。我现在还在学习，不能达到100%，等我达到100%了，那我就是“神”了。只看大的波浪也不可能达到100%，所以要看日线和月线，你把波浪缩小一看，就很清晰了，K线不是有放大缩小么，一缩小小的浪就会一下子全合起来了，合起来仔细一看整个商品还是处在一个上涨之中。实际上股票和期货是一样的，就是永远是牛市。我弟弟之所以赚钱，就是因为永远是牛市，只不过是回挡，然后再创新高，浪永远是这样。期货中国网上（汪兴敏）也讲到，跌市里面赚快钱，牛市里面赚大钱。期货市场为什么能赚大钱，因为盈利可以加仓，所以复利很厉害。

问题12：您的波浪识别是否还结合其他技术分析？您的技术分析是指标化的分析、形态化的分析还是动量化的分析？或是您有一套独创的技术分析方法？

倪伟更：做波浪的同时，我会结合看其他指标，因为原来是做股票的，很多指标都是要看的。比如MACD、KDJ，包括我这次去美国向廉姆斯学习的很多方法，比如趋势线、止损点，都结合了看。所以我相信，在以后的操作中，我盈利的概率会更高，因为我看的指标多了。**这套方法相当于是我自己摸索的。我是一个善于总结的人，每次输钱和盈利我都要总结，总结完了以后会慢慢形成一个很明确的操作方法**，相信以后会在比赛的曲线里面体现出来。

问题13：您的波段交易方法更适合趋势性明显的行情还是震荡行情？或者在这两种行情中您都能盈利？

倪伟更：这两种我都能适应。因为**浪数对了，回调浪也是能赚钱的**。所以我的盈利和商品的涨跌不是很有关系，它在跌的时候我照样能盈利。在“蓝海密剑”里面，我看到很多人在输钱的时候，我反而在盈利。**但是我现在还差一口气，就是浪里面有第五浪，第五浪和第四浪的第五浪和第五大浪，在期货和股票中有些区别，股票里面的第五浪一旦出来，一般第五浪涨得较少，期货里面的第五浪比较厉害，有时候会创新高，而且五浪中还有五浪**。假如10万元进去，做对一波第五浪，然后在第五浪的头又做空，那个时候就双倍赚钱了，速度很快。

问题14：您比较喜欢做上海期货交易所的橡胶、金属类品种，为什么？您选择品种的标准是怎样的？

倪伟更：我一开始做金属比较多，后来发现橡胶波动比较大，现在还发现棉花波动比较大，其他我不是很熟，我主要做这几个。金属相对来说比较好掌握一点，一开始在头部和底部的波动比较小，仓位重做金属比较好，仓位轻就做波动比较大的。比如橡胶、棉花，我感觉棉花要有一波行情来了。**我现在一般做3个品种，起码是50%仓位做比较稳的品种，25%做波动比较大的，25%机动**。

问题15：您一般隔夜的仓位是多少？主要根据行情风险设定仓位，还是根据资金总量比例设定仓位？为什么？

倪伟更：我认为是底部的话，仓位会比较重，但如果认为是在波段当中的时候，包括在头部该止盈的时候，我的仓位会比较轻，判断不明的情况下，我的仓位也会比较轻。像昨天的仓位实际上连47%都没有，因为我取出来200万元，实际上本身只有2/3的资金，然后再只有一半仓位，那相当于只有1/3的仓位。仓位调整和控制方面还应该再慢慢学习。在刚启动的时候最好再加点仓，因为赢面大，回撤不会创新低，根本就不用怕，仓位重一点也无所谓。

问题16：您是做股票出身的，对股指期货可能会更亲切一些，您有没有在做股指期货？您觉得股指期货和商品期货相比，哪个更容易盈利？

倪伟更：空闲的时候会做股指期货，基本上以当天平仓为主，因为相对来说，股指期货不是我主要做的，只是赚点差价，我确实做过几次，总体上也赚钱了，但我不想在股指期货上赚大钱，因为我本身有股票仓位在。

做趋势的话，假如股票大牛市起来，那么做股指期货会比较赚钱。但是在震荡的时候，**股指期货比较难把握，因为里面大庄比较多，一会儿拉高一会儿拉低**，不像商品期货。商品期货做的人多，一个大户想一下子拉起来也不容易，相对来说商品期货比较好把握一点。

问题17：您做期货是比较幸运的，凭借股票的功底做期货没有像样地亏过就实现了不错的盈利，而其他朋友就没这么幸运了，请问您如何看待期货中的大赚、大亏？

倪伟更：有些人大赚，有些人大亏，看各自的情况。你看他大亏，实际上他在其他地方大赚也是有可能的。每个人的想法不一样，大赚也好大亏也好，大赚我认为一个是运气，第二肯定是他在交易的过程中通过学习然后才会得到大赚，大亏最关键可能是因为缺少总结，**你大亏，甚至亏光离场了，可能是没有总结经验教训**。我认为在亏的时候一定要总结，然后改变自己的操作方法，或者，现在好的书多，可以看书学习。就像我弟弟这个操作方法，其实很简单，而且人也很轻松，这种做法当中就是休息，然后行情来了进去。其实这个做法很好学，我为什么不学他的方法呢？我自认为我波浪搞得比较好，他做股票时间比较短，没做几年股票就开始做期货了，我做了21年股票，一开始两年有亏过，后来几年我是年年赚的，我相信我做期货以后也是年年赚的。所以**我想把波浪的手法用到期货上，当然一定要结合资金管理，相信应该会成功的**。

问题18：您在“蓝海密剑”2009~2010期货实盘大赛中赢利额（286万元）在全部选手中排第三名，并且在2010年8月6日至9月6日以344.50%的成绩打破此前321.72%的月度盈利记录。作为一个期货“新手”，您参赛前没有想过自己会得奖、破纪录？您参赛的初衷是什么？

倪伟更：破纪录没有想到。得奖方面，从读书开始，一路走过来，包括工作后，因为我比较用心，专业上都是排在前面的。**得奖我不意外，破纪录我比较意外，我相信一个人只要通过努力，任何奖都有可能实现。参赛的初衷是正好有这样一个机会，我想从股票上转型**，原来股票还有权证，在熊市的时候也能赚点钱，权证没有了之后，我始终在找机会，要么再做企业，要么在股票不赚钱的时候做一种能赚钱的东西，期货正好迎合了我这个想法。

问题19：您又参加了“蓝海密剑”新一年的比赛，而且表现也不错，截止到7月8日盈利额已经有370多万，有人说今年上半年的行情特别难做，您怎么看？

倪伟更：对于盈利来说，因为**保证金提高了，做对的时候赚的比例也少了，实际上保证金高也是有好处的，输的时候也少了**。对我来说，我倒不认为上半年行情难做，因为期货本身就是放大的，我做期货，假如用10%的仓位的话，等于跟做股票是一样的，我做股票包赢的话，我做10%的仓位，我认为也是包赢的。**现在保证金比例提高后，我自己最大的感触就是回撤的时候心不是很慌了，反而这样更好做，我认为从长期的角度来看，对每个人都更有利，因为相对来说不容易暴仓**。

问题20：您参赛账户的资金量比较大，可能非参赛账户的资金量更大。每天面对较大数额的盈亏，您的交易心态是如何管理的？

倪伟更：没有参赛账户以外的期货账户。我做期货才2年多，东航对我来说是第一个期货公司，我相信这个期货公司不错，人也不错，他们几个经理都比较客气，我认为它的资金管理比别家严格些，对我来说比较适合，因为我是比较容易满仓的人，我感觉我也不需要在其他公司做了。因为我本身在其他地方有投资，也不需要同时在几个期货公司开户，而且我也不想资金量弄得这么大，因为**资金量弄得再大，在期货里面也是“小弟弟”，而且越大越容易出事情**。

每个人做期货，一开始做小一点，哪怕只盈10000元、50000元，慢慢做，等到你盈到一定的钱了，你亏得起了，可以加重仓位。我的仓位也是慢慢加起来的，慢慢变成“盈利的钱在做”，那么你心态就好了，在没有盈利的时候钱少一点，这样把自己的心态调好。如果一个人一天几百万几百万地输的话，心态肯定不会好的，再有钱，你的心态也不会好的，如果输的是以前盈利的钱，那么心态就好了，总算还是盈的，那么仓位重一点就重一点。我刚才也说了，输钱不输仓位，最终你还是会盈利的。

问题21：每个人做期货都会有梦想、有目标，您做期货的终极目标是什么？

倪伟更：因为**我在做股票的时候就一直听外面有人说做期货能做成亿万富翁，当然亿万富翁也可以做期货输光，我不愿意做后者，我想做前者**。因为我做股票有赚到几千万，应该算千万富翁吧，我做期货的目标当然是想成为亿万富翁，虽然现在的亿跟以前的千万差不多，应该是往这个目标发展的。因为人生要改变，现在有千万也是没有用的，或许5年、10年以后可能亿万也没有用，有一个亿也不算有钱。

问题22：另外在三五年内，您主要是自己做，还是向私募基金经理的方向发展？为什么？

倪伟更：这个要看机会了。**假如说我这个方法在这三五年里面证实是很成功的话，那我也希望向私募基金经理的方向发展**。因为**我希望我的方法可以给其他人带来更好的收益，大家发财比较好**。

王向洋：重仓交易一定要有牺牲精神

（2011年7月11日　沈良、翁建平整理）

王向洋：期货交易高手，17年期货生涯，“潜龙出渊”期货实盘大赛收益总冠军，多次在全国性的期货实盘大赛中名列前茅，曾创造的最高收益率为5个月54倍。

访谈精彩语录：

当年市场的规矩和市场容量都无法与现在对比。

我前五六年都在摸索阶段，遇到的困难比较大。

所谓的瓶颈期，就是在事业成功的高峰时会有盲目乐观的情况，遇到打击会有挫折感。

能打通自己心理上的关卡，一次失败后就会有心理上的升华，每一次升华可能在交易上又会有新的感受，有可能再创一个新的成绩出来。

趋势交易真正教会了我们一定要有个准则，一个方法，不能完全凭盘感盲目地去交易。

《克罗谈投资策略》有句话对我印象深刻“如果在交易中能持仓8个月以上，你就能成功”。

经过我长期实践觉得20日均线比较适合自己，也有可能也适合大家。

我发现一个很有趣的事情，20日均线如果做橡胶的话，买入、卖出标准是最准确的，而且盈利也是最快的。

K线形态可以作为突破介入，也可以作为止损。

所谓“明星”品种相对其他品种是最突出的，其他品种都涨，它跌，或者其他品种都跌，它涨。

经过实践证明，在一段时间内介入最突出的那个品种，反而盈利是最高的，成功率也是最高的。

把资金分散到很多品种上操作，风险会降低，但是我个人喜欢找个“明星”品种集中优势兵力打场胜仗。

技术指标是领先于基本面的，事后看都可以得到基本辅助，只是我们得不到及时正确的消息。

我们做期货要顺势，不能完全凭自己的主观判断和根据片面的甚至错误的基本面分析来得出一个结论。

比赛可以让心态保持乐观、竞争的状态。

做期货，适当的冒险精神是很重要的，如果失去了这种精神，我们交易水平就很难提高。

我觉得东航组织的“蓝海密剑”的比赛水平是最高的，活动集中了全国最优秀的选手来参加。

期货交易中54倍收益不是最高的，其实期货市场是出奇迹的地方，我认为这个纪录肯定会被突破。

在日常交易中，大资金操作还是采用稳重的交易方法，没必要采取重仓过夜，这种风险是没必要冒的。

比赛和平常操作一定要分开，不要在正常的交易过程中让自己冒过多的风险。

正常交易账户，我觉得第一单子做1/3仓位是比较合适的，市场证明正确的话，我一般会加重一半，达到2/3。

进场后短期之内远离交易成本，这是我们做交易最重要的方面，如果4天没有盈利，那就说明当时判断入场的交易方法有错误。

我指的重仓交易，投入的部分资金其实是日常交易资金中的一部分。

重仓交易一定要有牺牲精神，要想到最坏的情况就是全部输光。

我们做重仓交易一定要明白为了什么，从长期来看，用暴利来弥补一小部分亏损，我们所付出的代价是值得的。

我主要的资金还是配置在股票上面。

参与期货的资金肯定只占总资产的一小部分，最好不要超过三成。

因为市场一定会出行情，不会长期处于震荡行情，所以一定要有不做单的耐心。

不是说哪个更有生命力，能把期货做好，能成功，都是有生命力的，关键是自己喜欢哪种。我个人认为中长线趋势交易成功的概率高一点，波段交易可能风险会比较小，都可以提倡。

市场的变化导致交易方法的失效，这个观点我是赞同的。

我的盈利模式经过实践证明是成功的，没有必要去改变。

自己明知道进入市场不符合自己的盈利模式，是个震荡市场，就应该休息停止操作，最好的办法是等待。

我觉得她（张谒之）悟性高才会收她做徒弟。

她纪律执行相当好，已经超出了我的预期。

她的交易手法非常像我。

与其学习赢钱的水平还不如学习斩仓的水平，如果斩仓能坚决的话，盈利自然而然就会过来。

股指的现货和商品的现货不一样，我们所做的股指的现货完全靠投资者的心理支撑。

做外盘交易保证金较低，而且连续性也好，所以目前个人还是喜欢做一些外盘。

在中国目前的状况下，三五年内期货行业的理财格局不会有太大变化，我甚至认为它不会有太大的发展。

恰恰在这半年多不适合我们体系的行情中，我们没有选择等待。

其实每一年都会有单边的行情出现，只要做好这一波或者两波就够了，没必要天天做。

像我们做趋势交易的，持币能力更重要，我们可以等待半年或者一年，那也是事倍功半的。

问题1：王向洋老师您好，感谢您在百忙之中接受期货中国网和东航金融的联合专访。您从1994年开始做期货，有17年的期货交易经历，做过国债期货、绿豆期货这类昔日的明星品种。您觉得现在的期货市场和当时相比最大的改变是什么？对投资者来说，是现在的市场容易盈利，还是当年的市场容易盈利？

王向洋：我是第一批做期货的，做了这么多年期货，感觉现在的期货市场跟以前相比改变是很大的。**当年市场的规矩和市场容量都无法与现在对比，当时市场不规范的地方很多，所以在当年的市场上要盈利是非常难的**，完全是靠盘感生存，现在的市场完全规范化了，按照合适的交易方法已经可以盈利了。所以总体来讲当年市场难做，现在的容易一点。

问题2：您的17年期货生涯并非一帆风顺，期间经历过多次失败和挫折，您自己总结来看，自己在17年的期货生涯中，总共遇到过多少次瓶颈期？每一次打破瓶颈后获得了怎样的升华？

王向洋：当年做期货没有教科书可学，大家都是从自己摸索开始的，**我前五六年都在摸索阶段，遇到的困难比较大**，经常会出现亏损的情况，偶尔还会暴仓，做了六七年后才第一次有真正意义上的成功。如果说瓶颈期，可能遇到过两三次。我不把第一次算做瓶颈期，那时候只是盲目的操作。**真正的瓶颈期大概是一两次**，第一次拿全国冠军后，有一年到两年的低潮期。**所谓的瓶颈期，就是在事业成功的高峰时会有盲目乐观的情况，遇到打击会有挫折感**。**所以能打通自己心理上的关卡，一次失败后就会有心理上的升华，每一次升华可能在交易上又会有新的感受，有可能再创一个新的成绩出来**。遇到瓶颈期能顺利渡过对交易者来说是非常重要的。我遇到过很多朋友，他们以前交易很成功，但是他们的瓶颈期很长，甚至有的到现在都恢复不过来。

问题3：1997年，您看了美国期货大师斯坦利·克罗著的《克罗谈投资策略》，从此逐步确定了“趋势投资”的方法，并在后来的交易中取得很好的业绩。请问《克罗谈投资策略》这本书让您印象最深刻的内容是哪些？

王向洋：所谓的**趋势交易真正教会了我们一定要有个准则，一个方法，不能完全凭盘感盲目地去交易。《克罗谈投资策略》已经基本上教会我们，无论是期货交易还是其他交易都有一个自然规律，它一定是朝一个方向走的**。最重要的就是，如果按照趋势化投资，它肯定有一个正确的方向，按照方向走注定是会成功的。**《克罗谈投资策略》有句话我印象深刻“如果在交易中能持仓8个月以上，你就能成功”**。这说明了要把趋势交易周期看得更长，所看的眼光并不只是两三个月，还要看到半年或者更长的时间，坚持这种投资思维一定是能成功的。趋势投资最主要教会了我们要把大方向看准，让我印象最深刻就这一点。

问题4：您曾在某媒体对您的采访中透露，您以20日均线和K线形态判断行情。您为何选择20日均线而不是其他均线？所谓的K线形态分析，是突破介入的模式吗？

王向洋：因为我是按照趋势交易的方法来做，**如果按照5日均线就太短了，太短了，趋势变化不太容易把握准确。如果选择30天、60天，时间就又太长了，对于交易员来说时间就浪费了。所以我觉得20日均线恰好在不长不短的时间内，用这个做进场、止损的话，节省了时间而且成功率会提高一点**。我个人在运用几个均线后，觉得20日均线不长不短，正确率适中。有些朋友用60天、半年均线，从长期策略来讲比较准确一点，对我来讲，做太长的话，时间就耗得太长，太短的话，准确率又会下降。所以**经过我长期实践觉得20日均线比较适合自己，也有可能也适合大家。我发现一个很有趣的**

事情，20日均线如果做橡胶的话，买入、卖出标准是最准确的，而且盈利也是最快的。

所谓的K线形态分析，可以说是突破介入也可以说是止损。主要是选择了大方向后，假如长期周线图看多的话，我选择20日均线，突破20日均线向上买入，如果上升趋势跌破了20日均线，我可以做止损，看看后面的演变情况，如果回到20日均线之上，我再买入。所以**K线形态可以作为突破介入，也可以作为止损**。

问题5：一般情况下，您同一时间操作的品种比较少，您擅长捕捉一段时间内最强或最弱的品种，请问如何把一段时间内的“明星”品种找出来？

王向洋：找“明星”品种要说简单也是很简单的。**所谓“明星”品种相对其他品种是最突出的，其他品种都涨，它跌，或者其他品种都跌，它涨**。有的朋友不会去注重这些，觉得都在跌只有一个在涨他不去买，恰恰要反过来做。**经过实践证明，在一段时间内介入最突出的那个品种，反而盈利是最高的，成功率也是最高的**。大家都在找“明星”品种，其实大家都能感觉到哪个是“明星”品种，但是没有介入，我觉得主要原因是心态。其实我们不用管那么多指标，如果感觉它是“明星”品种，不妨用小资金跟一下，也是能做到“明星”品种的。股票市场也是一样，其实两个市场有相通的地方。

问题6：也有人喜欢把资金分散到很多品种上操作，您认同这种做法吗？您觉得分散品种操作和集中品种操作各自的优、劣势分别是怎样的？

王向洋：把资金分散到很多品种上操作，风险会降低，但是我个人喜欢找个“明星”品种集中优势兵力打场胜仗。要盈利大肯定是集中在一个品种上比较好，因为进出方便，而且找出的都是“明星”品种，对我个人来讲我喜欢集中在一两个品种上做。

问题7：您以前说过“在具体交易时，都是先看技术指标，后找基本面辅助”，这是否说明您更看重技术分析，而不是基本面分析？会不会出现技术指标得不到基本面辅助的情况？

王向洋：对。这个情况我已经注意了很久，**技术指标是领先于基本面的，事后看都可以得到基本辅助，只是我们得不到及时正确的消息**。事后看哪个品种这段时间是强势，但是不及时跟进去，等到消息证明缺货，哪里有干旱，时间会拖后五六天，行情早就没有了。所以我个人认为技术分析更好，它的技术指标是现在要赚钱的明确走势，是跟随市场的。有时候明明市场是涨势，但如果根据错误的基本面得出一个错误的方法是很害人的。技术分析是很重要的，它的指标往往能得到基本面的辅助，就算我们第一时间得不到这种消息。所以**我们做期货要顺势，不能完全凭自己的主观判断和根据片面的甚至错误的基本面分析来得出一个结论**，一定要尊重现实，以现实为基础来做交易。

问题8：您参加过多次期货实盘大赛，也在某些重要的大赛中取得很好的成绩，您为何喜欢参加比赛？在比赛环境中，对您的交易水平会不会有所促进？

王向洋：我首次参加比赛就拿了个冠军，感觉在交易过程中跟人比有竞争感，证明过一次，第二次则失败了，这个情况让我陷入了低潮，我想尽快从低潮中走出就参加了很多比赛。**比赛可以让心态保持乐观、竞争的状态**。我发现很多做交易的朋友，交易水平到了一定的程度就会有种失去目标的感觉，有种保守的感觉，宁可错过现在的也不愿意失去以前的，不愿意冒险。但是**做期货，适当的**

冒险精神是很重要的，如果失去了这种精神，我们交易水平就很难提高。所以在比赛中，对我们的交易水平肯定是有促进的。

问题9：在全国这么多的期货大赛中，您觉得哪一项或哪几项赛事的水准是比较高的？为什么？

王向洋：我觉得东航组织的“蓝海密剑”的比赛水平是最高的，活动集中了全国最优秀的选手来参加。比赛一定要有组织者细心的安排，要有高手参与才会提高水准。不论从比赛规模还是时间周期，参赛者的水准还是东航的组织来看，“蓝海密剑”水平是最高的。

问题10：您在“潜龙出渊”的期货大赛中，创下了5个月54倍的投资收益，至今仍是行业的最高纪录，在您的内心中，是否希望有后来者挑战这个记录、突破这个记录？

王向洋：期货交易中54倍收益不是最高的，其实期货市场是出奇迹的地方，我认为这个记录肯定会被突破，只要给大家时间和合适的条件。在新一年度第一阶段的比赛过程中有些选手已经有很好的基础了，只要努力一把就很容易破我的纪录，所以这个纪录不是我希望它会被突破，是一定会被突破的。只要大家保持良好的心态，不管是我还是谁，这个纪录肯定会被刷新。

问题11：2011年4月21日，您在“蓝海密剑”2010~2011期货大赛中，通过远征军账户，突破了该大赛之前日收益“94.38%”的纪录，创造了“108.28%”的新纪录。这一纪录是在怎样的行情背景下创造的？您抓住了怎样的机会？

王向洋：在外盘的交易中，保证金会低一点，而且外盘当天波动幅度可以相差很大，我创造这个纪录刚好做的是热门品种——白银。白银那天波动幅度是相当大的，它可以在一天内涨4%~6%，那天恰好是把握上涨和下跌两波的行情，所以创造了这个纪录。**这个纪录是在外盘波动剧烈的情况下做好了当日的一个短线，但我感觉在外盘交易中，日纪录还可以再提高**，因为当天的机会很多，不但是品种多而且波动幅度大，如果能抓住几个机会，我觉得日纪录还是能不断地被突破。

问题12：但后来您的远征军参赛账户成绩又回落了，也请您谈谈收益回落的主要原因？

王向洋：远征军参赛账户成绩又回落是成也萧何败也萧何，也是在白银期货交易过程中。白银刚好见顶，一天之内跌幅超过了历史纪录，那天拉登被击毙，外盘白银开盘一分钟之内，就跌了百分之十几，我的远征军账户就被一天的行情重新打回了原形。**其实期货交易中一定会碰到当日的系统风险，主要是碰到快速回调的行情才会造成远征军账户的回落**。

问题13：您在比赛中擅长“把握趋势、重仓过夜、严格止损”，那么在平常的交易中，您也是这样的风格吗？

王向洋：日常交易中肯定不是这种风格，一般都会偏保守，甚至保守到大家都不敢相信。因为我们在交易过程中都知道重仓交易会遇到什么情况，就像白银交易的情况，如果止损没做好的话会暴仓，所以**在日常交易中，大资金操作还是采用稳重的交易方法，没必要采取重仓过夜，这种风险是没必要冒的。比赛和平常操作一定要分开，不要在正常的交易过程中让自己冒过多的风险**。

问题14：您第一笔单子进场一般用多少仓位？当您的单子被市场证明是正确的，并且有了一定的利润后，您会不会加码？加码的主要依据和手法是怎样的？

王向洋：比赛中第一笔单子我估计会进2/3的仓位，单子如果被市场证明是正确的，我还会加码，加码的依据是第一笔单子一定要盈利。手法的话，在比赛过程中肯定是满仓的，但是正常的交易过程中，只是加一部分仓位。如果是**正常交易账户，我觉得第一单子做1/3仓位是比较合适的，市场证明正确的话，我一般会加重一半，达到**2/3，继续盈利的话，我就按照这种方法把仓位控制在2/3，然后再重新评判，加码还是止损、止盈处理都可以。

问题15：当您的单子入场后没有产生利润，甚至是亏损的，一般情况下您会在多长时间或亏损多大范围内处理掉？

王向洋：如果我的单子没有利润，甚至是亏损，一般情况下在4天内没有盈利，我就处理掉了。**进场后短期之内远离交易成本，这是我们做交易最重要的方面，如果4天没有盈利，那就说明当时判断入场的交易方法有错误**。

问题16：重仓交易是一把双刃剑，赢得快可能输得也快，您有没有遇到过赚了很多之后利润回吐也很多的情况？会不会觉得很惋惜？

王向洋：这种情况我已经遇到过很多次，但是我不会觉得惋惜。因为我们做交易一定会碰到的，**我指的重仓交易，投入的部分资金其实是日常交易资金中的一部分**，如果你拿这部分资金去重仓交易，即使全部输光也不会影响正常生活。**重仓交易一定要有牺牲精神，要想到最坏的情况就是全部输光**，应该不要去惋惜，要有个心理预期，要知道赢可以有多快，做错了也可能输这么快，这是对等的。如果重仓交易全部输光，你再拿一笔资金来做，只要方法对了，盈利可以翻几倍或者几十倍，已经远远超过了亏损的数字，是值得的。所以**我们做重仓交易一定要明白为了什么，从长期来看，用暴利来弥补一小部分亏损，我们所付出的代价是值得的**。

问题17：其实所谓的重仓也不过是参与期货交易那一部分资金的重仓而已，而非全部资产的重仓。您参与期货的资金占您总资产多少比例？其他资金主要配置在哪些领域？为何这样设置？

王向洋：我主要的资金还是配置在股票上面，股票可以长期投资，它没有时间限制，不会非要你砍仓，你在一两年内都可以成功。要把自己的资金放在一个稳定的行业，在此基础上，所受的期货风险完全可以在心理上克服它，完全可以没有压力。所以**资产配置肯定是低杠杆的配置要多一点，高杠杆的交易只占一部分，参与期货的资金肯定只占总资产的一小部分，最好不要超过三成**。

问题18：在趋势行情中，您的交易方式会取得非常好的收益，而在震荡行情中或许效果就不太好了，请问您如何处理或规避震荡行情？

王向洋：在趋势交易中有三种趋势，即上涨趋势、下跌趋势和震荡趋势。即使我们有一套成熟的方法，震荡趋势交易也是最困难的，效果一般是不好的。经过这两年的交易，我觉得最好的方法就是按照书上说的不要做，震荡行情宁可去等待。**因为市场一定会出行情，不会长期处于震荡行情，所以一定要有不做单的耐心**。

问题19：这几年来，通过两三天、三五天的波段交易成功的人也开始崭露头角，您觉得中长线的趋势交易和几天时间的波段交易哪一个更有生命力？

王向洋：因为我是做中长线的趋势交易，我对波段交易的理解不是很透彻，我刚进入期货市场也做过波段交易，但是效果不是很好，所以我个人认为要做波段交易比较困难，我甚至羡慕做波段交易的人，他们水平很高，他们有独特的方法。**不是说哪个更有生命力，能把期货做好，能成功，都是有生命力的，关键是自己喜欢哪**

种。我个人认为中长线趋势交易成功的概率高一点，波段交易可能风险会比较小，都可以提倡。

问题20：近一两年来，您也在参赛，但成绩没有以前那么好了，您觉得主要是什么原因造成的？

王向洋：原因还是蛮多的。**第一，目前市场的格局在变化**，市场的交易目前是进入高位震荡的格局；**第二，盈利模式长期做顺手了，交易水平开始僵化**，就没有对应的改变；**第三，自从交易成名之后，外部的影响力增加了**，交易不像以前那么果断。各个方面都有影响，所以成绩没有以前那么好。主要是市场格局的变化和自己的交易手法不太适应现在的交易节奏。

问题21：有人认为，随着期货市场的不断变化、发展，行情波动的节奏也在发生变化，这可能导致某些以前盈利的交易方法暂时失效或效果变差。您认同这样的观点吗？为什么？

王向洋：就像我刚才讲的市场发生了变化，跟以前完全不一样了，有可能会导致短期内某种盈利方法失效。**我周边的朋友，不论是趋势交易还是短线交易都不太适应现在的波动节奏，所以市场的变化导致交易方法的失效，这个观点我是赞同的**。

问题22：您自己的盈利模式，能否适应市场的变化？有没有随着市场的变化而完善、修正的机制？

王向洋：我对自己盈利模式的改变已经考虑一段时间了。**我的盈利模式经过实践证明是成功的，没有必要去改变**。我们这种模式如果在操作上不成功肯定是因为自己没有按照正确的方法去做，**自己明知道进入市场不符合自己的盈利模式，是个震荡市场，就应该休息停止操作，最好的办法是等待，等待市场行情进入符合你的趋势交易的模式**。如果我再去改自己的交易方法，没有太大的空间去改变，再改变也不能把以前的交易否定。所以我觉得没必要刻意去改变以前的交易方法，我们现在要做的就是冷静想想这个市场是不是符合自己的交易模式，如果是震荡市，就应该按正常交易方法停止交易，应该等待。

问题23： 您的徒弟张谒之在期货市场也是名人，您觉得她做期货的悟性如何？您为何要收她做徒弟？

王向洋： 第一，她做期货的悟性是非常高的，**我觉得她悟性高才会收她做徒弟**；第二，**我是想看看自己成功的交易模式能不能被复制**，也想做个试验，主要是这两方面的考虑。

问题24： 您觉得张谒之现在的期货操作水平如何？她的手法有没有您的风采？

王向洋： 她学习的起点是非常高的，一开始就教了她比较高的技术。**她纪律执行相当好，已经超出了我的预期**，她能够完全按照交易纪律来做，我觉得学习期货这个是最重要的。**与其学习赢钱的水平还不如学习斩仓的水平，如果斩仓能坚决的话，盈利自然而然就会过来**。

她的交易手法非常像我。举个例子，我随东航去美国参观，期间大部分交易都是她执行的。有一次行情波动剧烈，我认为以她的水平没办法适应，但是事实她的交易手法让我非常吃惊，她能够做到先止损，然后价格回到原来的趋势还有决心再追回原有头寸，这已经很像我的手法了，从这点来讲，她已经能够独立完成一段行情的操作。

问题25： 股指期货一推出，您就参与了，您做股指期货的方法和做商品期货一样吗？您觉得股指期货和商品期货相比，哪一个比较容易盈利？

王向洋：股指期货推出后，我仅仅参与了一小段时间，后来我就放弃不做了。我发现股指期货当日的无序波动过大，我觉得股票指数是有问题的，因为**股指的现货和商品的现货不一样，我们所做的股指的现货完全靠投资者的心理支撑**，我甚至不知道这个指数3000点、4000点是否合理。心理上觉得不能长期投资这个东西，跟商品期货相比，它没有成本价支撑，所以我做两个星期就放弃了。股指期货跟商品期货相比，首先做起来连心理支撑价位都没法把握，我宁可做商品期货，能够做好商品期货就够了，**对股指期货这种完全靠消息和心理支撑波动的品种最好放弃**。**所以我觉得商品期货比较容易盈利一点**。

问题26：您也做一些外盘，并且也曾取得很好的业绩，就您自己参与来看，是更喜欢做内盘还是外盘？为什么？

王向洋：以前有段时间只是试探性地做了一下，主要以做内盘为主，但最近国内保证金提高，规则变化太大，对我个人来讲，**做外盘交易保证金较低，而且连续性也好，所以目前个人还是喜欢做一些外盘**。它比较符合我的交易方法，资金的重仓交易或者止损都比较快速，选择的品种更多，只要把自己休息时间调整好，做外盘还是比较好做的。

问题27：期货投资咨询业务已经正式开展了，期货有限合伙基金正在尝试，公募基金的期货专户理财正在尝试，期货信托基金和CTA业务也在探讨之中，您觉得未来三五年中国期货行业的理财格局和现在相比会发生哪些大的变化？

王向洋：我个人觉得**在中国目前的状况下，三五年内期货行业的理财格局不会有太大变化，我甚至认为它不会有太大的发展**。我觉得在中国现在行业不规范的情况下，要大力发展理财格局是不现实的。

问题28：在这样的大背景下，您的下一个目标是怎样的？打算如何实现这个目标？

王向洋：我觉得**现在这个大背景下，在国内期货市场要有大的发展比较困难**。所以**我觉得目前还是耐心地练技术，耐心地等待，我个人没有太大的目标**。

这两年犯的错就是明明知道行情不适合自己还去参与，这是我最大的失误，而且自己也知道行情是个震荡市，它没有形成单边的迹象，这些是需要去克服和改进的。

补充1：就像您刚才讲的，行情处在震荡市，更多是自己的盘面感觉还是自己交易方法表明处在震荡市？

王向洋：一旦形成反复震荡，比如一天连续波动三四次，以后也连续出现，其实就是震荡趋势。对个人来讲，做震荡趋势不是我擅长的，那么成绩肯定不会好，只有等待或者停止操作。但是**恰恰在这半年多不适合我们体系的行情中，我们没有选择等待**。**其实每一年都会有单边的行情出现，只要做好这一波或者两波就够了，没必要天天做**。之前最大的失误是明知不可为而为之。

补充2：有些行情您也不一定想去做，是不是因为其他方面的原因导致您们不得不做？

王向洋：主要还是自己抱有侥幸心理，想做好，耐不住寂寞，交易心态还没达到最高境界——能够等待。如果能做到等待半年或者一年，交易水平就达到了一个新的境界了，这是我要去提高的。要想技术提高只能从等待上面把自己的水平提高，没有其他方法。

补充3：我看到有些股民或者身边的朋友如果手里的现金太多了，总想把现金换成什么东西，心里才舒服。

王向洋：这也是高手们都不能够克服的，何况那些散户。

补充4：做中长线的能力可以分为两个部分，第一个是持仓的能力，第二个是持币的能力。该持仓的时候是否能够把单子拿住，不该持仓的时候是否能够把钱拿住，能不能这样看？

王向洋：对，一样的道理。如果我们没做到这一点，说明水平还没到。**像我们做趋势交易的，持币能力更重要，我们可以等待半年或者一年，那也是事倍功半的，**没必要在市场上耗。

冯尚国：要客观勿主观，做期货就是做人性

（2011年7月15日　沈良整理）

冯尚国： 网络昵称“溪水潺潺”。

十几年期货交易经验，也做股票。擅长波段操作，在出现了能看懂的风险可控的技术形态后，就着手做交易计划，定好止损点，然后按计划严格执行，做顺势交易，愿意付出每次所交易的风险成本。

在“蓝海密剑”2009~2010年期货实盘大赛中，以1327%的收益率荣获全部选手收益率第2名、后备战地指挥官。

访谈精彩语录：

我的交易理念是：顺势、滞后、博傻，追求低风险下的稳定收

益，不追求暴利，像蚂蚁啃骨头似的，积小胜为大胜。

在刚开始的几年里有大亏过，亏得曾有想过跳楼的念头。

成功的投资经历分三段，我认为是：技术、原则、人性三阶段。

我对金融市场最大感悟是：顺势者昌，逆势着亡。

对自我最大的认识是：要客观勿主观，做期货就是做人性。

我的波段交易最少持仓时间1天，最多时间近3个月。平均下来一笔单子持仓约一周。

看技术形态为主，再等均线配合，然后考虑进场。

形态分析针对周K线、日K线和分时K线原理大同小异，都可以运用。

“风险可控”是指能找到有效的止损点和较小损失的止损点。

持仓时间长一点的大形态要关注基本面，基本面是很有帮助的。持仓几天的小形态则无需关注基本面。

我的交易方法是系统化的，采用基本统一的进场方法。

完全的系统交易也是有缺陷的，应特殊情况特殊对待。

每次交易愿意付出资金的5%作为风险成本。若是连续3次都止损了，就要暂停交易，休息一段时间总结原因。

我所说的概率游戏是指：理论预测的盈利是3、止损是1时，可以开仓交易。

做期货也有赌的成分，有10%赌的成分应该还可以。

波段交易也有局限性，我又在总结一种可以弥补这种局限性的系统。

控制风险的方法是按照趋势改变后去止损。

问题1：冯尚国先生您好，感谢您在百忙之中接受期货中国网和东航金融的联合专访。您的网络昵称为“溪水潺潺”，请问这个名字由来？是不是希望财富像潺潺溪水一样不断地向您流去？

冯尚国：“溪水潺潺”这个名字来源于我的交易理念。**我的交易理念是：顺势、滞后、博傻，追求低风险下的稳定收益，不追求暴利，像蚂蚁啃骨头似的，积小胜为大胜**。

问题2：您做期货十几年，也做股票，您主要精力是做期货还是股票？

冯尚国：我是从1994年开始学习期货交易的，主要精力放在期货上，偶尔参与点股票。

问题3：您股票现在还在做吗？在股票交易和期货交易上您的资金比例是怎么分配的？

冯尚国：现在股票还在做的，以中长线价值投资为主，资金分配上股票是大头，占60%。

问题4：您做股票和期货投资这么多年有没有大亏的经历？如果有过大亏的经历，有没有分析过是什么原因导致大亏？

冯尚国：**在刚开始的几年里有大亏过，亏得曾有想过跳楼的念头**。当时大亏的主要原因是期货知识匮乏，经验不足。

问题5：如果要把成功的投资经历分几个阶段，您会怎么分？

冯尚国：**成功的投资经历分三段，我认为是：技术、原则、人性三阶段**。

问题6：经历了这么多年交易，您对金融市场最大的感悟是什么？对自我最大的认识是怎样的？

冯尚国：**我对金融市场最大感悟是：顺势者昌，逆势着亡。对自我最大的认识是：要客观勿主观，做期货就是做人性**。

问题7：您是做波段交易的，一笔单子您最少持仓多少时间？最多持仓多少时间？平均来说一笔单子持仓几天？

冯尚国：我的波段交易最少持仓时间1天，最多时间近3个月。平均下来一笔单子持仓约一周。

问题8：您会在“看得懂”的“风险可控”的技术形态出现后，制订交易计划，考虑进场交易，请问您看技术形态，是看K线组合、均线系统还是相关指标？

冯尚国：看技术形态为主，再等均线配合，然后考虑进场。

问题9：什么样的技术形态是您“看得懂”的？如果遇到“看不太懂”的形态，但是有比较强烈的交易冲动，您会进场交易吗？

冯尚国：“看得懂”形态稍微复杂点，简单来说是这样的：假设之前是下跌趋势，一波一波跌下来，连创新低，然后出现了上涨，一波一波上去，高点不断抬高，由此确认趋势反转，这时有两种进场可能：一是等回调一定幅度后做多；二是行情盘整不回调，说明它强势，那么等下一次向上突破做多。**形态分析针对周K线、日K线和分时K线原理大同小异，都可以运用。**

看不太懂的形态就是不好找有效的止损点，一般就不交易。

问题10：另外“风险可控”的技术形态，是指风险可控在什么范围内？按照怎样的方法控制风险？

冯尚国：“风险可控”是指能找到有效的止损点和较小损失的止损点。控制风险的方法是按照趋势改变后去止损。

问题11：您应该主要是以技术形态分析为交易依据的，那么您是否关注基本面呢？基本面信息对您的交易有帮助或有影响吗？

冯尚国：持仓时间长一点的大形态要关注基本面，基本面是很有帮助的。持仓几天的小形态则无需关注基本面。

问题12： 您的交易方法有没有系统化？就是说您的进、出场方法是基本统一的，还是变化较大的？

冯尚国：我的交易方法是系统化的，采用基本统一的进场方法。

问题13： 您怎么看待完全的系统化交易？即把进、出场方法固定化、指标化、信号化，做成自动的程序化或手动的半程序化交易的理念和行为？

冯尚国：完全的系统交易也是有缺陷的，应特殊情况特殊对待。参考信号然后半自动做也是不错的。

问题14： 您愿意为每次交易付出一定的风险成本，然后再去期待利润的产生。您每次交易愿意付出的风险成本是多少？整个账户您愿意付出的最大风险成本是多少？

冯尚国：每次交易愿意付出资金的5%作为风险成本。若是连续3次都止损了，就要暂停交易，休息一段时间总结原因，也就是在一个大的阶段整个账户的最大回撤尽量控制在15%。

问题15： 在您的交易体系中，有没有针对不利的突发事件的防范？

冯尚国：对于突发事件的处理，只要是破了止损点就平仓，不犹豫。

问题16： 您认为期货交易可以看作是一种概率游戏，您说所的概率游戏是什么意思？

冯尚国：我所说的概率游戏是指：理论预测的盈利是3、止损是1时，可以开仓交易。

问题17： 相对盈利的概率，您似乎更在意盈亏比的大小，您对多大的盈亏比比较满意？为什么？

冯尚国：止损是1，预测的理论盈利至少大于3。大于3就是即使3次都错了，一次做对了就能够挽回3次的损失。如果是预测盈是1，预测亏也是1，各占50%，这样交易就和赌博完全一样了。

问题18：有人认为做期货就要敢于赌，有人认为做期货不能乱来但需要一点赌性，还有人认为做期货必须100%理性不能有丝毫赌性，您怎么看？

冯尚国：做期货也有赌的成分，有10%赌的成分应该还可以。

问题19：2011年上半年，不管是上涨还是下跌，行情都不太流畅，似乎波段交易不太好做，您上半年的交易情况如何？

冯尚国：波段交易也有局限性，我又在总结一种可以弥补这种局限性的系统。波段交易出现了反转信号以后，应择机跟进，但是行情出现V形反转时却无从下手，导致机会的失去。弥补的方法主要是针对出现V形反转时一些措施。

上半年基本面是内忧外患，交易得很少，收益一般。

问题20：您参加了“蓝海密剑”2009~2010年期货实盘大赛，并以1327%的收益率荣获全部选手收益率第2名，您觉得选手们在大赛中体现的是真实的交易水平吗？参赛的做法会不会和平时的做法完全不一样？

冯尚国：关于大赛的收益率要比平时的高，是因为比赛的资金小，仓位重，比平时交易更激进。

伍建群：每一张人民币都有自己的个性

(2011年7月18日　杨劲松、王芳整理）

伍建群： 浙江温州人，荣获“蓝海密剑”期货实盘大赛特别贡献奖。擅书法，好诗歌，爱艺术，玩收藏，目前在从事期货交易和开展股权投资的同时，正致力于在温州打造艺术品和金融相结合的投资平台。文艺青年、金融精英，是他的标签，而心中对于一切美好事物的珍惜喜好则是这一标签下内在的灵魂，也是其为人处事的源泉。从其已发表的诗歌《皇帝的后花园》、《大营救》中，我们就能感受到他所散发出的浓郁人文气息。

访谈精彩语录：

就我个人而言，期货投资的收益比艺术品投资大，但艺术品操作相对期货来说省心，同时还会带来附加值。

金融投资太苦太血腥，艺术品则相对温和有品位，如果将两者结合在一起肯定非常有意思。

金融投资的风险控制就像木桶装水，也许你各方面都做得非常好，但是底部的一个小漏洞就会导致你前功尽弃。

期货投资最简单的风控就是只要收益率达到可观的水平就抽走本金。

每一张人民币因为持有者的不同个性亦赋予其不同的个性，这就决定了其投资属性的多样性。

每张人民币都有自己的个性，我会根据它是稳定型还是激进型进行相应的投资配置。

尽管温州的民间资本在金融领域内还相对落后，但我相信温州人的投资理念一定会成熟起来。

人这一辈子只能过一次，每一段经历对我们来说都是独一无二的。

很多人是在期货里面慢慢死掉再从期货里面爬起来；我是从其他地方死掉再通过期货爬起来。

到了这个年纪，经历过这么多事，我看待所有问题都会不自觉地采取辩证的方法。

我要感谢打击过我的人，是他们让我知道自己是打不败的；我要感谢帮助过我的人，是他们让我知道这个世界还是很温暖的。

随着一天天跟期货接触，我无可救药地爱上了这块投资阵地，并决定更好、更深入地做下去。

没有专门做某个品种，只要可以赚钱的我都会尝试。

我要坚定背靠温州民间资本，不断打开投资的梦想空间。

要正确面对亏损，止损一定要坚决，这是期货投资者成功的首要条件。

“亏损是利润的组成部分”，以前我不太理解，现在我完全理解了这句话。

在品种选择上，选择符合自己个性的品种。

总体来说，做期货的人都非常辛苦，集合各种体力和脑力的较量，我常常觉得这根本就不是人干的活。

没有“自我”，很容易迷失在各种小道消息和别人的闲谈碎语中。

虽爱钱，但我从不会把钱看得过重。

在生活的谜底没有揭开之前，最好的办法就是等待和忍耐。

人生其实就是不断地放弃和取舍，现在的这次放弃，是为了把未来的人生更好地留给自己。

人生只有一种爱能伴随你终生——那就是自爱。自爱是一切爱的源泉！

人一辈子寻找的不是金钱，不是权利，而是一个真实的自己，需要在一种心境中找到最真实的自我。这就是一种幸福。

在伍建群宽大的办公室里，除了宽大的电子显示屏和波澜起伏的K线表露主人从事金融投资的痕迹外，散落于地毯上、墙壁边的画作及其散发的油彩味水墨香更让人仿佛有置身于一个艺术空间的感觉。作为温州期货界的资深人士，伍建群的投资经历亦如此情此景，凝固的美丽外表下，流淌着一腔进取的热血，虽有险阻，或遇荆棘，却以自己坚定的信念为剑，借众人的助力为盾，依然倔强地前行，终遇艳阳天。

这是一个有感悟的人。只有一个对人生有充分感悟的人，才有资格成为一个投资人。

『他安静地坐在沙发上，深吸一口烟，烟圈徐徐升腾。伍建群说，每张人民币都有自己的个性，牢记这一点投资就成功了一半。』

问题1：您在期货投资和艺术品投资方面都有自己独特的视角和眼光，请问您现在主要做什么？最擅长哪个领域？

伍建群：我现在的主要工作就是搭建投资平台，拓宽温州民间资本的投资渠道。目前主要在期货、股权、艺术品、股票阳光私募四个领域内进行投资平台的搭建。

整体上这四个领域并驾齐驱。就特性来说，期货流动性比较强，艺术品次之，股权投资相对较弱。**就我个人而言，期货投资的收益比艺术品投资大，但艺术品操作相对期货来说省心，同时还会带来附加值**。总经理和老师这两个称谓，我更喜欢后者，只有艺术品投资才具备让我达到质变的跨越。此外，艺术品投资相对来说更具有成长性和稳定性，成长的空间非常大。**我觉得金融投资太苦太血腥，艺术品则相对温和有品位，如果将两者结合在一起肯定非常有意思**。

问题2：不管是期货投资、股票投资还是艺术品投资都是有风险的，您是如何进行风险控制的？

伍建群：金融投资的风险控制就像木桶装水，也许你各方面都做得非常好，但是底部的一个小漏洞就会导致你前功尽弃。因此无论做任何投资，风险控制都是不可忽视的因素。我们投资的每个领域都有明确的风控意识，比如艺术品这块怎么退出市场，怎么先收回本金都有详尽的规划；**期货投资这块，最简单的风控就是只要本金的收益率达到可观的水平我们就会抽走本金，以收益来进行进一步的投资**。

问题3：作为一名职业投资人，如何进行稳健的投资呢？

伍建群：作为职业投资者，在项目判断上我会秉持理性客观的态度，不让感情左右自己的思维。每投资一个项目，我都会事先做出判断，估算投入产出的可能性。不管是朋友还是陌生人，通过我这个平台进行投资，我会根据这笔资金的特性，适度地建议人家是选择稳健性的投资还是激进型的投资。在我看来，**每一张人民币因为持有者的不同个性亦赋予其不同的个性，这就决定了其投资属性的多样性**。

问题4：温州的民间资本喜欢追求暴利，但暴利机会又不常有，温州的民间资本对期货投资感兴趣的多么？

伍建群：温州民间资本追求暴利是有原因的。温州的民间借贷市场发达，做的人也多。通过期货市场做套利，一年获取15%~20%的利润，他们不感兴趣，还不如借给别人赚取利息来的爽快。他们如果真正对投资期货市场感兴趣，很大部分人持有强烈的博弈心态。要么一口吃成胖子，比如期望100万元短期可以变成300万元；要么瞬间爆仓，血本无归。现在由于民间借贷不停地出问题，温州投资者的心态也悄然起了变化。很多人不希望通过高风险博取高利润，和民间借贷相比，他们更愿意把钱投入到基金、艺术品等风险相对较小的领域。**从我的角度来看，每张人民币都有自己的个性，我会根据它是稳定型还是激进型进行相应的投资配置**。不过从今年的市场情况来看，投资期货的人越来越多了。**尽管温州的民间资本在金融领域内还相对落后，但我相信温州人的投资理念一定会成熟起来，**当然这需要时间培育。

长久凝视画家邱光平的油画著作《大营救》，伍建群问，知道为什么这么喜欢这幅画？那个身陷火海边缘的稻草人就是几年前的我，而那一群众志成城的稻草人或高举火把或趾手相抵进行大营救，试图拉我出险境的就是始终对我不离不弃的朋友。让他一无所有，那就让他做期货吧！让他富贵逼人，那也让他做期货吧！期货让有的人倒下去，却让我重新站起来。

问题5：您当初是怎么走上投资期货这条路的？

伍建群：2007年8月，我认识了一位在美国华尔街做过期货操盘手的博士，后来在这位博士的引荐下我又认识了昆明某糖厂的老总，并商议在温州成立投资公司以便更好地与现货对接。就这样，我正式进入了期货行业。当时，为了对期货有更深的认识和理解，我自己还开了户。

问题6：在您的投资道路上，有没有比较特殊的经历？

伍建群：人这一辈子只能过一次，每一段经历对我们来说都是独一无二的。人的命运有时候就是很奇怪，古话说的好：“天有不测风云，人有旦夕祸福。”2007年10月27日，一位朋友拿走了我3000万，我被迫破产，只得卖了房子、车子等，住进了一家狭小的旅馆。那段日子非常难熬，我经常不得不用酒精麻痹自己。痛定思痛后，我给自己定下了计划，要用3年的时间东山再起。于是，我又重新开始战斗，没日没夜的寻找好项目。

随着对金融行业的慢慢理解，到了2008年下半年，我充分相信自己一定可以通过金融投资重新爬起来。机缘巧合的是，当时我结识了一家证券公司的老总，他给我推荐了国内一名非常优秀的期货操盘手，通过这位期货高手，我得以凤凰涅槃，重获新生。可以这么说，**很多人是在期货里面慢慢死掉再从期货里面爬起来；我是从其他地方死掉再通过期货爬起来的**。

问题7：现在回忆起来，这段经历给您带来什么影响？

伍建群：到了这个年纪，经历过这么多事，我看待所有问题都会不自觉地采取辩证的方法。坏的方面，这个事情真的对我身心造成极大伤害，我当时真的一贫如洗，甚至不敢面对家人和朋友，经常靠酒精麻痹自己；好的方面，这段经历让我意志更加坚强，我坚信自己是打不倒的，所以很快爬了起来。在这段最困难的时期，我的家人并没有离开我，还有我的一些朋友，他们安慰我、鼓励我、帮助我，是我最强有力的精神支撑。**我要感谢打击过我的人，是他们让我知道自己是打不败的；我要感谢帮助过我的人，是他们让我知道这个世界还是很温暖的**。

柳暗花明又一村后，往往预示着更广阔的天地。伍建群指着参加“蓝海密剑”期货实盘大赛获得的几个勋章说，邂逅蓝海密剑不但为自己的实力佐证，同时也表明自己的路越走越稳健。

问题8：惨痛的经历后，就开始与东航金融举办的“蓝海密剑”期货实盘大赛结下缘分？

伍建群：看清形势后，2009年我就开始着手成立资产管理公司。公司成立后，为了提升公司无形资产，我们组织了几个账户参与蓝海密剑，比赛成绩当时也在业界引起了强烈反响。那段时间，除了搭建金融投资平台外，我自己也开始马不停蹄地恶补期货理论知识，并直接参与操盘实战。**随着一天天跟期货接触，我无可救药的**

爱上了这块投资阵地，并决定更好、更深入地做下去。

问题9：您自己也做了几年期货，有没有专门做几个品种？盈亏状况如何？

伍建群：没有专门做某个品种，只要可以赚钱的我都会尝试。当然，就个人性格来说我比较喜欢波动大、成交量大的品种，像铜、橡胶、棉花等。我自己亲自操盘是有原因的，首先，对于一个专业的期货投资者来说，这相当于是给期货市场交的学费，就算最后连本金都亏掉了，我也不会痛心。公司成长壮大需要成本，这也是公司运营成本的一部分；其次，我觉得应该跟市场保持最紧密的联系，知道国内外发生的事情，能给他们讲解最近的行情，从而给投资者树立专业可靠的形象。这些都只有自己操盘了才会去关注。

问题10：对期货新手来说，最难逃的命运是亏损，而您一上来就是盈利的，我想这背后肯定有您对期货独到的见解和理念？

伍建群：我觉得期货的盈亏主要跟心态和宏观把握有关，还跟我以前的经历有关。比如100万元亏了10万元或20万元，有些人可能舍不得砍仓，而我割肉是非常坚决的，该亏的就让它亏掉吧。**做期货，一定要把里面的钱看成是数字。**现在，我更多的是责任感，希望通过金融平台的运作带领大家赚钱。温州人在金融投资这一块是稍有落后的，很多人劝我去上海、深圳发展，但我更愿意深深扎根于温州。因为**我要坚定背靠温州民间资本，不断打开投资的梦想空间。**

问题11：您觉得期货投资者要从亏损走向盈利，最重要的是具备什么样的知识和技能呢？

伍建群：首先**要正确面对亏损，止损一定要坚决，这是期货投资者成功的首要条件。“亏损是利润的组成部分”，以前我不太理**

解，现在我完全理解了这句话。其次**在品种选择上，选择符合自己个性的品种**，比如我就喜欢大品种，喜欢那些波动大、成交量大的品种。再次，**在操作过程中，我喜欢顺势而为**。

问题12：“蓝海密剑”大赛中产生了很多期货高手，像周伟、ST大豆是俊峰、郑加华、王向洋等，您怎样评价他们？

伍建群：周伟是程序化高手，30万元做到900万元，他为人处事非常严谨，极其严格的遵守自己的交易系统，这种品质难能可贵。ST大豆是俊峰理念性比较强，记得上次在温州他跟我说了一句话：“我是亏不起啊！”这句话我到现在都记得很清楚。**是俊峰是一个比较幽默的家伙**，我觉得这也是一种很好的心态。**郑老师做基本面分析，善于把握机会，重仓交易**。当然，他的人品、生活方式各方面都非常好，比如到了晚上10点就要睡觉，在家买菜烧饭，比较能坚持自己等等。**总体来说，做期货的人都非常辛苦，集合各种体力和脑力的较量，我常常觉得这根本就不是人干的活**。当然，在这个行业里，我只是学生而已，但我愿意努力学习，不断进取！

问题13：跟这些做期货的人接触下来，您觉得这个群体有没有共同的特性？

伍建群：从性格特性来说两个字“自我”，**没有“自我”的话很容易迷失在各种小道消息和别人的闲谈碎语中**。有时候一念之差就造成了不堪设想的后果，所以他们要非常“自我”、非常坚定地去做决定。虽然期货里面也有运气的成分，但我觉得考验的是一个人的综合素质，所有的事情都会反映到他的素质上。“自我”并不是固执，做得不对一定要反思，该调整的时候还是要调整。从行业角度来说，一个字“苦”。

问题14：对东航金融举办的“蓝海密剑”期货实盘大赛有什么

建议？

伍建群：我觉得整个比赛流程非常不错，设计了军事化的比赛机制，很有创意。"蓝海密剑"期货实盘大赛应该是目前国内手续费最低、保证金最低和不限制资金量大小的比赛。同时，大赛采取了3年制的大周期比赛进程，奖金也很高，增加到1208万元。不过我个人建议可以适当提高蓝海密剑的规格，比如现在集团军的参赛资金量要求是200万元以上，可以考虑设置一个500万元以上资金量的军种。

不经历风雨，怎么见彩虹？一个从大跌中坚强爬起继续前进的人，其内心的强大是不言而喻的，而其更为可贵的是思想的成熟性和为人处事的严谨性。靠在窗口，眺望远处滚滚而来奔流向海的瓯江，伍建群的脸上充满刚毅。天高云淡，回望自己人生历程中的波折经历，伍建群说，一切的波折都是生命中溅起的点滴浪花，总归会汇入人生的大河。感谢有此经历，唯此历练，让我更加坚强、越发自信。

问题15：您以前的生活经历对现在的投资事业有什么影响？

伍建群：我1969年出生在温州郊区，父亲是村里和公司的职业会计。当时我家在村口开了一家小杂货店，卖些日常生活用品和小吃，因此**我从小对做生意就很有感觉**。1986**年高考的时候，我的成绩是温州市鹿城区文科第一名**，在舅舅的建议下报考了浙江湖州税务学校。在学校学生会里，我同时是宣传部和实践部部长。

家庭环境和学校教育对我影响很大，但我觉得对**现在的投资事业影响最大的还是自己的金钱观**。目前本人勉强也称得上是一名商人，不过你是绝对在我身上找不到商人喜欢计较的特质。**虽爱钱，但我从不会把钱看得过重**。从人生的角度讲，一切的一切，到最终，我们只有“使用权”，而并没有“所有权”！

问题16：什么时候赚到了第一桶金？

伍建群：1993年，也就是我24岁本命年。当时浙江省大学生运动会在温州召开，有很多饮料赞助商，我一个朋友拥有这些饮料的广告代理权，他送了我三箱不同品种的饮料。晚上宴请朋友吃饭的时候，有人建议我拿下这三种产品的代理权。其实那时要求代理这个产品的副食品商很多，我不是搞副食的，根本没有竞争优势。最终，我靠一份市场调研报告打动了他们，他们甚至还帮我铺好了底，**我自己只投入了6万元钱。这笔生意一直做到1995年销售6000多万元，我和当时的一位合伙人共赚了一千来万**。

问题17：之后又有哪些经历？

伍建群：我生性就是不安分的人。因为代理权纠纷问题，1995年我停止了和厂商合作。过了不久就将金银花茶带到了无锡，签了长城葡萄酒的总代理，同时还做了红酒、珠江啤酒的代理，结果市场起了变化，这单生意亏的很惨，一两年后我又一夜回到解放前，几乎亏光了以前赚的所有钱。其后，我又做过几个项目，既亏过亦大赚过。风风光光几年后，到了2007年又有了被朋友拿走3000万元的惨痛经历。

问题18：您的人生也可说是经历颇多，这一路走来，有什么样的收获和体会？

伍建群：在我曲曲折折、上上下下的人生当中，我觉得细细体会是最重要的。你也许不知道，我之前的朋友是很多的，但是2007年落难的时候，站在身旁的朋友没几个。那种从天堂到地狱的感觉，至今想来都心有余悸。如果没有一种坚强的信仰和理念，我现在就不可能坐在这儿跟你们聊天了。我当时想的是3年内我一定起来，而且把3年后的蓝图都规划好了。因而一定要对自己有信心，**在生活的谜底没有揭开之前，最好的办法就是等待和忍耐**。

问题19：您希望以后的人生是像以前那般跌宕起伏还是平平稳稳走下去？

伍建群：我希望自己以后的人生能平坦，但我这样的性格肯定是避免不了起伏的。当然，经历了这么多的起起落落后，我觉得自己有能力避免再犯一些低级错误了，比如把3000万元随随便便借给一个人，只要他写张欠条似的错误。

问题20：经历了这么多事情，从您身上看不到一点沧桑。您是怎么做到的？您最信奉的人生哲学是什么？

伍建群：听了我的故事后，很多人都会问到这个问题，为什么就看不到你的沧桑感呢？我想，这还是和我对待人生的心态有关。经历的越多你就会发现人生的不确定性越多，于是对于那些苦难，能更加坦然面对，欣然接受。而你对所遇到的人或者事情都会心存感恩。

哲学是很高深的东西，我的人生观目前还没有上升到哲学的高度。我觉得，**人生其实就是不断地放弃和取舍，现在的这次放弃，是为了把未来的人生更好地留给自己**。你要开创未来，不妨尝试站在未来看看现在的自己，也许就会开悟！另外，**人生只有一种爱能伴随你终生——那就是自爱。自爱是一切爱的源泉！**

问题21：您在清华大学和复旦大学都学习过，觉得您还挺喜欢回学校读书的，这是基于什么目的？

伍建群：回学校读书首先是为了放松，高校氛围相对纯净，可以暂时忘却生活和生意上的种种烦恼，找回一种心境；其次读书也是为了充电，也许哪些老师给我上了课早已忘记，但是他们的某些观点会却让我记忆犹新。我去高校读书并没有很功利的想法，很多班集体活动也只是觉得好玩、感兴趣才会参加。**人一辈子寻找的不是金钱，不是权利，却是一个真实的自己，我希望在不同经历中能找到真实的自己**。就如每张人民币都有自己的个性，需要在一种心境中找到最真实的自我，那就是一种幸福。